W0349458

Die frühen Texte von Karl Marx werden oft als anthropozentrisch bezeichnet. Judith Butler legt in ihrem neuen Buch eine konträre Lesart des Marx'schen Frühwerks vor und mobilisiert dabei die Einsichten des Philosophen für ihre eigene ökologische Ontologie der Interdependenz aller lebendigen Wesen. Vor dem Hintergrund der sich immer weiter verschärfenden Klimakrise und der damit einhergehenden Herausforderungen für das globale Zusammenleben gewinnt Butlers Marxlektüre eine besondere Aktualität. Gemeinsam mit Marx fragt sie nach der Möglichkeit gerechter und nachhaltiger Produktionsverhältnisse, die in der Lage sind, das Überleben von Mensch und Natur langfristig zu gewährleisten.

Judith Butler, 1956 in Cleveland, Ohio geboren, ist Professorin für Komparatistik und Critical Theory an der University of California in Berkeley.

MARX ÖKOLOGISCH

PASSAGEN PHILOSOPHIE

Judith Butler
Marx ökologisch

Pariser Marxlektüren

Herausgegeben von
Peter Engelmann

Passagen Verlag

Deutsche Erstausgabe
Titel der Originalausgabe: *Deux lectures du jeune Marx*
Aus dem Französischen und Englischen
von Kianush Ruf

Die Deutsche Nationalbibliothek verzeichnet diese
Publikation in der Deutschen Nationalbibliografie;
detaillierte bibliografische Daten sind im Internet über
http://dnb.dnb.de/abrufbar.

Alle Rechte vorbehalten
ISBN 978-3-7092-0447-4
© 2019 Judith Butler
© 2019 Les éditions sociales (für die französische Ausgabe)
© der dt. Ausgabe 2021 by Passagen Verlag Ges. m. b. H., Wien
Grafisches Konzept: Ecke Bonk
Satz: Passagen Verlag Ges. m. b. H., Wien
http://www.passagen.at
Druck: Ferdinand Berger & Söhne GmbH, 3580 Horn

Inhalt

Der unorganische Körper beim frühen Marx[1]

Mein heutiges Vorhaben lässt sich leicht umreißen. Wie ließe sich ausgehend von Marx' *Ökonomisch-Philosophischen Manuskripten aus dem Jahre 1844* heute erneut die Frage aufgreifen, ob der frühe Marx – wie gemeinhin angenommen – *anthropozentrisch* ist? Was mich dazu veranlasst, diese Frage erneut zu stellen, ist ein ziemlich rätselhafter Absatz in den *Manuskripten*, in dem die Natur als „unorganischer Körper" des Menschen bezeichnet wird. Das ist eine durchaus überraschende Aussage, und ich möchte zunächst versuchen, sie im Text zu verorten und meine Interpretation dieser Formulierung im Kontext von Marx' zentralen Gedanken aus den frühen Schriften darzulegen.

Die oben gestellte Frage taucht zunächst im Kontext von Diskussionen auf, die in den 1970er und 1980er Jahren von britischen Theoretiker_innen, allen voran John Clark, geführt wurden, die herausfinden wollten, ob Marx' Philosophie mit einer ökologischen Perspektive vereinbar ist. Das wiederum hat eine Reihe von Untersuchungen darüber angestoßen, wie Marx' Theorie der Natur zu verstehen sei.[2] Die aufgeworfenen Fragen sind nicht nur deswegen relevant, weil den meisten

Interpretationen zufolge die frühen *Manuskripte* durch Marx' spätere Schriften – vor allem das *Kapital* und die *Grundrisse* – abgelöst wurden, sondern auch, weil gemeinhin angenommen wird, dass die *Manuskripte* auf einer Entfremdungstheorie und einem Subjektverständnis beruhen, die bestenfalls spekulativ seien, und hinter der Theoretisierung des strukturellen oder systemischen Charakters des Kapitalismus zurückblieben, wie sie später vor allem im *Kapital* und den folgenden Schriften ausgearbeitet wurden. Wenngleich eine Rückkehr zum frühen Marx nicht notwendigerweise eine Rettung oder Rehabilitierung der Arbeitswerttheorie zum Ziel hat, wirft sie doch eine Reihe von Fragen darüber auf, wie wir Arbeit und den arbeitenden Körper, wie wir den Menschen und sein Verhältnis zur Natur und zu anderen Lebensprozessen verstehen.[3]

Wir sind uns darüber einig, dass der Arbeiter die Natur bearbeitet und dass er oder sie der Natur bedarf, um zu überleben. Genauso wissen wir, wie ich annehme, dass der Körper ein sinnlicher ist und dass seine Arbeit an natürlichen Gegenständen ein sinnliches Verhältnis zu eben diesen Gegenständen impliziert. Wenn nun aber die Natur als der „unorganische Körper" des Menschen bezeichnet wird, dann wird damit eine andere Art von Beziehung postuliert, in welcher der Körper des Menschen kein gänzlich losgelöster oder abgetrennter mehr ist. In der Tat sind seine Grenzen weder eindeutig erkannt noch genau erkennbar. Wenn es einen unorganischen Körper des Menschen gibt, der die ganze Natur umfasst, dann erstreckt sich der menschliche Körper über die ganze Natur, oder umgekehrt, die ganze Natur schließt den Körper des Menschen ein. Das Verhältnis des menschlichen Körpers zur Natur erweist sich als wesentlich für den menschlichen Körper, genauso wie die Beziehung der Natur zum menschlichen Körper sich als wesentlich für die Natur erweist. Die Art und Weise, wie wir diese Beziehung denken, hat Konsequenzen für die Beantwortung der Frage: Wie anthropozentrisch sind die frühen *Manuskripte* wirklich, oder enthalten sie möglicherweise gar eine weitgehend unbeachtete Kritik des Anthropozentrismus? Ich bin der Ansicht, dass wir, um diese Frage beantworten zu können, die spekulative Rede von der Natur als unorganischem Körper einer erneuten Betrachtung unterziehen sollten.

Die Natur einen „unorganischen Körper" zu nennen, ist zum einen deswegen rätselhaft, weil sie so als *ein* Körper erscheint, was nahelegt, dass sie gewissermaßen eine Einheit, und sei sie intern differenziert, darstellt. Zudem stellt sich die dringliche Frage, warum man die Natur als „unorganisch" und nicht als „organisch" bezeichnen sollte – was ist der Unterschied, und wie wird Ersteres zu Letzterem? Man könnte meinen, dass die Verwandlung vom Organischen zum Unorganischen das Resultat menschlicher Arbeit ist, aber tatsächlich ist hier – und zwar auch in Bezug auf das Problem der Subsistenz – das Gegenteil der Fall. Um zu begreifen, was das bedeutet, gilt es zunächst, den Unterschied zwischen dem Organischen und dem Unorganischen bei Marx zu verstehen, und schließlich zu erkennen, was es bedeutet, wenn diese beiden jeweils zu Modalitäten der Beschreibung des Körpers werden, oder genauer gesagt zu zwei Modalitäten, in denen der Körper erscheint.

Wie ich zu zeigen hoffe, bleibt uns nichts anderes übrig, als daraus zu schließen, dass der Mensch sowohl einen organischen als auch einen unorganischen Körper hat: Sein organischer Körper ist der, den er als klar umgrenzten und losgelösten, vom Rest der Natur getrennten erfährt, während die Natur – die ganze Natur – seinen *un*organischen Körper konstituiert. Der Mensch ist also ein Körper, von einem anderen unterschieden, und gleichzeitig wird diese Unterscheidung von ihm selbst erlebt. Müssen wir also annehmen, dass es zwei Körper gibt, oder gibt es nur einen Körper, der sowohl eine organische als auch eine unorganische Dimension oder Modalität hat? Man könnte meinen, dass der organische Körper (den Marx den menschlichen *Leib**[4] nennt) losgelöst ist, der unorganische Körper (den Marx *Körper** nennt) hingegen nicht und dass wir also keine absolute Unterscheidung zwischen diesen beiden Dimensionen annehmen sollten. Es wird jedoch schnell klar, dass dem organischen Körper (*Leib**) ein lebendiger Aspekt eignet, der ihn vom unorganischen Körper unterscheidet. Das Problem wird noch komplexer durch die Tatsache, dass *Leib** zumeist den erlebten Körper bezeichnet, während *Körper** auch eine einfache, distinkte dichte Masse, tot oder lebendig, bezeichnen kann.[5] Und doch wäre es wohl nicht richtig zu sagen, dass der unorganische Körper schlicht und einfach tot ist. Nein, die Natur ist lebendig, aber eben nicht ganz in demselben Sinn wie der Leib. Das Organische verhält sich also nicht zum Unorganischen wie das Leben zum Tod. Das Organische und das Unorganische sind Potentialitäten voneinander, und das Problem des Lebens scheint diese Unterscheidung auf eine Weise zu durchkreuzen, die es erst noch zu klären gilt.

Doch zunächst sollten wir fragen: Wie verstehen wir diese Unterscheidung, und wie beeinflusst unsere Interpretation der Aussage, die Natur sei ein „unorganischer Körper", unsere Antwort auf die Frage, ob Marx in seinen frühen Manuskripten eine anthropozentrische Sichtweise auf die Natur vertritt? Die Natur ist Gegenstand der Arbeit und zugleich bietet sie dem Arbeiter die Möglichkeit der Selbst-Reflexion; sie ist die Substanz, die er bearbeitet, und gleichzeitig das, was ihn in seiner Existenz fortbestehen lässt: Manchmal ist der Gegenstand, an dem der Arbeiter arbeitet, Nahrung. Selbstverständlich ist die Natur die Grundlage für die Verbindung eines Menschen mit anderen Menschen, aber sie ist auch das, was sein „Gattungswesen" konstituiert. Denn das menschliche Lebewesen mag zwar seiner eigenen Gattung angehören, aber wenn diese Gattung nur eine unter vielen ist und wenn sie als lebendige Gattung mit anderen Lebensformen verbunden ist, dann gilt es zunächst einmal zu verstehen, was das für eine Art von Verbindung oder Beziehung ist. Das könnte uns dabei helfen, den Sinn der Rede von der „Natur als unorganischem Körper des Menschen" besser zu verstehen.

Ich komme gleich zu der Passage, in der Marx diese Formulierung einführt, aber lassen Sie mich vorher etwas zum Kontext sagen. In den 1970er und 1980er Jahren fingen marxistische Theoretiker_innen im Vereinigten Königreich und anderswo an, der Frage nachzugehen, ob Marx' Philosophie mit einem ökologischen Denken vereinbar sei. Manch eine_r stellte sich die Frage, ob die These, der zufolge die Natur der unorganische Körper des Menschen sei, eine ökologische These ist. Stimmt es, dass Menschen so handeln sollten – oder gar von Natur aus dazu veranlagt sind, so zu handeln –, als ob ihre eigenen Körper gewissermaßen mit der Natur koextensiv wären? Stimmt es, dass der Mensch in einer Weise handelt oder tätig ist, die ihn an der Natur organisch partizipieren lässt? Ist das dem Menschen eigene Handeln zugleich eine Tätigkeit der Natur, sodass die radikale Unterscheidung zwischen menschlichem Handeln und Naturprozess gleichsam überwunden wird? John Clark weist darauf hin, dass Marx auch Schienen und Eisenbahn als „Organe des menschlichen Hirns"[6] beschreibt, womit er nahelegt, dass diese menschlichen Institutionen sich aus Vorstellungen entwickeln, die dem menschlichen Bewusstsein entspringen, dass sie zugleich aber auch der organischen Dimension des Gehirns entspringen, denn ohne das Gehirn würden diese Ideen überhaupt nicht existieren.[7] Das Gehirn ist nicht nur die Bedingung der Möglichkeit des Geistes, sondern es scheint gewissermaßen auch menschliche Erfindungen wie Schienen und Eisenbahnen hervorzubringen. Letztere werden nicht einfach vom

Gehirn/Geist hervorgebracht, wenn Sie so wollen, sondern sie sind selbst Organe des menschlichen Gehirns. Das Organ ist nicht ausschließlich im Gehirn, sondern auch im Ausdruck oder der Arbeit selbst. Das ist nur einer der Fälle, in denen die Annahme, dass Organe notwendig und vollständig im Innern des Körpers angesiedelt sind, sich als nicht ganz adäquat herausstellt, denn nicht nur liegen sie in den Produktionsmitteln (Schienen und Eisenbahnen), sie sind auch ontologisch aneinander gebunden. Sehen Sie, wie die Kopula funktioniert: Die Eisenbahnen sind Organe des Gehirns; die Natur ist der unorganische Körper der Menschen. Wie sind derlei Gleichungen oder ontologische Äquivalenzen zu verstehen?

Carolyn Merchant weist außerdem darauf hin, dass sich der Begriff *organisch* im 17. Jahrhundert auf die körperlichen Organe, die Strukturen und die Organisation von lebendigen Wesen bezogen hat.[8] *Unorganisch* bezeichnete die Abwesenheit von körperlichen Organen. Der Mensch wäre demnach also organisch und die äußere Natur an- oder unorganisch. Bei Marx hingegen bezieht sich, Foster und Bellamy zufolge, eine Bedeutungsebene des Unorganischen auf die Erweiterung des menschlichen Körpers und seiner Tätigkeiten durch den Gebrauch von Werkzeugen und Instrumenten; das heißt durch eine technische Steigerung der körperlichen Vermögen. Und doch kann, wie Foster und Bellamy ebenfalls hervorheben, keine dieser Differenzen den hegelianischen Hintergrund von Marx' Unterscheidung gänzlich einfangen.[9] Dieses Verständnis unterstreicht die Aneignung der

Natur zum Zweck der Steigerung der menschlichen Vermögen. Ich möchte versuchen zu zeigen, dass die Unterscheidung zwischen organischem und unorganischem Körper eine relative ist, und dass sie sich verschiebt, je nachdem, wie wir die Beziehung zwischen Arbeit und den Mitteln zum Leben verstehen. Tatsächlich eröffnet uns Marx im Kontext dieser Diskussion eine alternative Betrachtungsweise von Arbeit, die weder spezifisch humanistisch ist noch an den Begriff der Herrschaft angelehnt ist.

In jedem Fall ist die Vorstellung einer technischen Erweiterung des Körpers, die sich aufdrängt, wenn man Eisenbahnen als Organe des Gehirns betrachtet, weit von dem Modell handwerklicher Arbeit entfernt, das Marx' Erörterung von menschlicher Entfremdung und Arbeitswert zugrunde liegt. Das menschliche Bewusstsein strebt danach, sich selbst durch Arbeit in einem natürlichen Gegenstand zu veräußern, mit dem Ziel, in dem Gegenstand, den es durch Arbeit transformiert, eine Widerspiegelung seines eigenen Wertes zu erlangen. Die gesamte Theorie der Entfremdung basiert auf dieser frühen und allgemeinen Arbeitswerttheorie. Aber die Entfremdungstheorie neigt auch zu der Annahme, dass es wesenhafte menschliche Tätigkeiten gibt und dass Arbeit die wichtigste davon ist. Arbeit stellt das zum Leben notwendige bereit; sie ist der Ausdruck wesenhafter menschlicher Vermögen; und Arbeit verbindet uns mit anderen arbeitenden Wesen, wodurch unser Gattungswesen aktualisiert wird.[10]

Die Bemühungen der letzten Jahrzehnte, über den frühen Marx hinauszugehen, basierten auf einer Reihe von Argumenten, von denen das wichtigste den spekulativen und unbegründeten Charakter der Arbeitswerttheorie kritisiert. Insbesondere Louis Althusser hat mit seiner Behauptung, dass Marx noch unter dem Einfluss von Feuerbachs Humanismus stand, eine wirkmächtige Kritik am frühen Marx geübt, und darauf hingewiesen, dass die Beschreibung von wesenhaft menschlichen Vermögen und Bedürfnissen eine philosophische Anthropologie darstellt, die durch ein strukturalistisches Verständnis von Ideologie ersetzt werden müsse. In seinem frühen Text über „Marxismus und Humanismus" zitiert Althusser Marx' entscheidende Formulierung aus den *Manuskripten*: „Der *Kommunismus* [ist die] wirkliche *Aneignung* des *menschlichen* Wesens durch und für den Menschen [...]. Dieser Kommunismus ist als vollendeter Naturalismus = Humanismus".[11] Althusser stellt der ideologischen Sichtweise auf den Menschen eine wissenschaftliche, das heißt strukturale Analyse gegenüber, um zu zeigen, wie der Kapitalismus das Subjekt produziert. Er kritisiert den Feuerbach'schen Humanismus des frühen Marx dafür, sein kritisches Projekt auf der Vorstellung zu gründen, dass die in den Rahmenbedingungen der politischen Ökonomie produzierte soziale Wirklichkeit dem Wesen des Menschen widerspreche. Das Problem einer solchen Vorstellung besteht offenbar darin, dass sie zunächst ein Wesen des Menschen voraussetzten muss, um anschließend zu zeigen, inwiefern die soziale Wirklichkeit entfremdet ist. In dieser Perspektive wird Entfremdung als Widerspruch verstanden, der aufgelöst werden muss. Althusser schreibt:

> Die Geschichte ist die Entfremdung und die Produktion der Vernunft in der Unvernunft, des wahren Menschen im entfremdeten Menschen. In den entfremdeten Produkten seiner Arbeit (Waren, Staat, Religion) verwirklicht der Mensch, ohne es zu wissen, das Wesen des Menschen. Dieser Verlust des Menschen, der die Geschichte des Menschen produziert, setzt freilich ein definiertes präexistentes Wesen voraus. Am Ende der Geschichte braucht dieser Mensch, der unmenschliche Objektivität geworden ist, nur als Subjekt sein eigenes, im Eigentum, in der Religion und im Staat entfremdetes Wesen zu ergreifen, um totaler Mensch, wahrer Mensch zu werden.[12]

Zurecht bemerkt Althusser, dass dieser Rekurs auf die menschliche Natur als Begründung für politische Organisation und politische Theorie es erforderte, einen theoretischen Humanismus zu akzeptieren, der selbst wiederum keine Begründung hat. Wer ist dieser „Mensch" im Herzen der sozialen Organisation der politischen Ökonomie? Althussers großes Verdienst bestand darin, zu betonen, dass der Mensch selbst *ein Produkt* dieser Ökonomie ist und dass er nur mit Bezug auf die sozialen Strukturen verstanden werden kann, die ihn konstituieren. Althusser zufolge habe Marx, entgegen seinem frühen Humanismus, schließlich einen theoretischen Anti-Humanismus vertreten, der auf einer Analyse menschlicher Praxis beruht. Aus seiner Sicht hat Marx sich in dem Moment vom Anthropozentrismus abgewendet, als er sich den „verschiedenen spezifischen *Ebenen* der *menschlichen Praxis* (ökonomische Praxis, politische Praxis, ideologische Praxis, wissenschaftliche Praxis) in den ihr eigenen Artikulationen, begründet auf den spezifischen Artikulationen der Einheit der menschlichen Gesellschaft“[13] zuwandte. Auf jeder Ebene ist eine Praxis eher auf eine soziale Struktur als auf eine Idee des menschlichen Wesens oder auf wesentliche menschliche Tätigkeiten bezogen. Irgendeine menschliche Tätigkeit als wesenhaft bestimmend für den Menschen schlechthin zu betrachten, hat zur Folge, dass wir die konstitutive Macht von Sozialstrukturen verdecken. Für Althusser kann es keine Analyse menschlichen Tuns unabhängig vom Kontext menschlicher Strukturen geben. Indem man diesem Imperativ folgt, so der frühe Althusser, wird der Übergang von einer ideologischen Analyse zu einer wissenschaftlichen Analyse möglich. Der Humanismus – mitsamt der mit ihm verknüpften Präsuppositionen – sei eine Ideologie. Ideologien ihrerseits seien keine Erfindungen des „Bewusstseins“, sondern ein wesentlicher Teil der Struktur von Gesellschaft. Althussers Theorie der Anrufung entspringt der folgenden Annahme: Gesellschaften produzieren Subjekte auf eine solche Weise, dass zugleich die Strukturen der Gesellschaft reproduziert werden, oder zumindest streben sie danach. Jedoch sollten Ideologien nicht als rein instrumentell verstanden werden. Sie repräsentieren die *imaginäre* Beziehung der Individuen zu ihren Existenzbedingungen. Wir könnten lange bei diesem Punkt verweilen, nicht zuletzt dank der Arbeit Etienne Balibars, doch lassen Sie uns für den Moment lediglich festhalten, dass der Humanismus, wie er beim frühen Marx symptomatisch zum Ausdruck kommt, von Althusser als Ideologie aufgefasst wird – er stellt eine imaginäre Beziehung zu den Existenzbedingungen dar –, sodass ihm nicht der Status einer Wissenschaft zukommt. Denn der Humanismus verrät uns nichts über das Wesen des Menschen. Überhaupt von einem Wesen zu sprechen heißt wie gesagt, die sozialen Strukturen und die imaginäre Beziehung zu den Existenzbedingungen zu verschweigen. Solange diese Bedingungen historischem Wandel unterworfen sind, wandelt sich auch die imaginäre Beziehung zu ihnen. Und da sich diese Bedingungen mit der Zeit verändern und also per definitionem einem Wandel unterworfen sind, so verändert sich auch die imaginäre Beziehung zu diesen Bedingungen. Die entscheidenden Fragen lauteten nun also nicht mehr „Was ist der Mensch?" beziehungsweise „Was ist das Wesen des Menschen?" – wie sie innerhalb der humanistischen Strömung der philosophischen Anthropologie gestellt wurden –, sondern „Was ist die imaginäre Beziehung zu den Bedingungen des Lebens?" Das führt uns zu einem spezifischen und komplexen Verständnis des Subjekts, sowohl im Licht der Psychoanalyse als auch der Geschichte – eine faszinierende Entwicklung, die ich hier und heute nicht nachzeichnen kann. Halten wir lediglich fest, dass die Beschäftigung mit Entfremdung durch eine Beschäftigung mit Ideologie verdrängt wurde.

Gewissermaßen war der Begriff der Entfremdung so sehr mit humanistischen Ideen behaftet, dass viele linke Intellektuelle das Thema jahrzehntelang vernachlässigten.

Diejenigen von uns, die in den vergangenen Jahrzehnten im Bereich des Strukturalismus und Poststrukturalismus gearbeitet haben, fühlen sich Althussers revolutionärer intellektueller Geste zutiefst verpflichtet. Ich selbst verdanke diesem Perspektivwechsel sehr viel, unabhängig davon, ob ich mir dessen stets bewusst war oder nicht. Doch so wie Etienne Balibar kürzlich zur Idee einer philosophischen Anthropologie zurückkehren wollte, um zu fragen, ob wir deren mögliche Bedeutungen ausgeschöpft haben, so möchte ich die Frage stellen, ob es gänzlich gerechtfertigt ist, dem frühen Marx einen unzweideutigen Humanismus zuzuschreiben.[14] In meinen Augen lag Althusser richtig, als er behauptete, dass es nicht nötig sei, sich auf einen Widerspruch zwischen dem Wesen des Menschen und den tatsächlichen Bedingungen des Lebens zu stützen, um eine Kritik des Kapitalismus zu entwickeln. Das Problem besteht einerseits darin, sich auf einen Widerspruch zu stützen, um die Problematik aufzuzeigen; und andererseits in der Annahme darüber, was die wesentlichen Tätigkeiten des Menschen sind. Aber was bleibt uns, wenn wir uns weder auf Widersprüche noch auf den Humanismus beziehen? Das Imaginäre ist nicht reduzierbar auf die menschliche Imagination. Indem er sich auf Lacan stützt, versucht Althusser zu zeigen, wie der Mensch innerhalb des Imaginären konstituiert wird, ohne dessen Ursprung zu sein. Auch dies ist ein ausgezeichnetes Thema, dem ich mich hier nicht widmen kann.

Der Versuch, über den frühen Marx hinauszugehen, wurde nicht nur durch Althussers brillante Interpretation unternommen, sondern auch von all jenen, die der Meinung waren, dass Marx' Verhältnis zur Natur in erster Linie eines der Beherrschung sei. Zudem behaupten manche Autor_innen, dass Marx die Zerstörung der Natur infolge einer schrankenlosen Produktionsweise nicht antizipiert habe. Wenn es im Wesen des Menschen liegt, die Natur zu bearbeiten, und zwar bis in alle Ewigkeit, dann müsste die Natur, damit das Wesen des Menschen sich fortwährend realisieren lässt, eine grenzenlose Ressource darstellen. Das wurde bisweilen als Marx' „produktivistische Ideologie" bezeichnet[15], wenngleich Marx den Drang zur „unbeschränkte[n] Vermehrung der Produktion"[16] explizit verurteilt hat. In den *Manuskripten* schließlich wird Arbeit als Aneignung der Natur verstanden, oder genauer gesagt als Enteignung der Natur. Die Frage, ob die so verstandene Arbeit notwendig eine Form der Herrschaft über die Natur darstellt, bleibt allerdings ungeklärt.

Die Natur ist nicht nur dasjenige, auf das Menschen tätig einwirken, sondern die Natur gehört dem arbeitenden Subjekt eigentümlich an. Dies wird überall dort besonders deutlich, wo die Arbeitenden einzig auf den Kampf um physische Subsistenz reduziert werden. Die natürlichen und physischen Aspekte menschlicher Arbeit sind nicht identisch, aber die Reproduktion der physischen Person ist eine notwendige Bedingung für den Fortbestand der Arbeit. Die Natur kann einerseits die Physis bezeichnen, aber andererseits auch die Beziehungen, die Relationalität, die ein natürliches Geschöpf mit anderen, mit dem Leben oder mit lebendigen Prozessen verbindet. Das Wesen des Menschen ist nicht seine Natur, und doch überschneiden sich die beiden Begriffe teilweise. Menschen büßen ihr Wesen ein, wenn sie allein für ihre Subsistenz arbeiten, das heißt um sich als lebendige Wesen zu reproduzieren. Wert schaffende Arbeit unterscheidet sich von Subsistenz-Arbeit. Des wahren Sinns der Arbeit beraubt, ist der Mensch nicht in der Lage, sein Bewusstsein im von ihm geschaffenen Gegenstand zu verwirklichen. Er ist dann zunehmend mit seiner eigenen Subsistenz beschäftigt, anstatt mit der Verwirklichung seiner wesenhaften Vermögen. An diesem Punkt divergieren die physische Natur und das Bewusstsein voneinander.

Ein Aspekt von Entfremdung besteht in der Unmöglichkeit für den Arbeiter, sich selbst als verwirklichtes Bewusstsein anzuerkennen: Er wird zum Gegenstand, zum Instrument, zu einer Form von Arbeit, deren Gewinne von denen berechnet und ausgebeutet werden, die über die Produktionsmittel verfügen. Durch diesen Prozess wird er jeder geistig-intellektuellen oder bewusstseinsmäßigen Tätigkeit beraubt. Die Natur, verstanden als dem Arbeiter äußerliche, ist für den Erhalt des Lebens des Arbeiters erforderlich, ein Leben, das selbst wiederum auch (Teil der) Natur ist.

Andererseits stellt sie den Gegenstand der Arbeit bereit, insbesondere wenn Arbeit ausgehend vom Handwerk gedacht wird. Aber unter den Bedingungen einer politischen Ökonomie, in der die Arbeit des Arbeiters nicht ihm gehört, in der Arbeit hinsichtlich ihrer Austauschbarkeit bewertet wird, verhält es sich so: Je mehr er arbeitet, desto schlechter wird er bezahlt und desto mehr ist seine physische Subsistenz bedroht. Hier sehen wir eine Spielart eines in der Erklärung von Entfremdung wirksamen Widerspruchs, jedoch ist es ein bedingter Widerspruch, der nur dann möglich wird, wenn die Arbeit die Subsistenz nicht länger sicher zu stellen vermag. Trotzdem ist es nicht möglich, die Frage der Subsistenz von jener der Verwirklichung zu trennen, da auch das verwirklichte Wesen sich für sich selbst und mit anderen am Leben erhalten und fortbestehen muss. Diese beiden Ziele – Subsistenz und Verwirklichung – sind Teil des Wesens selbst: Das Wesen lässt sich also nicht vom Lebendig-Sein des Arbeiters trennen.

Wann immer wir uns hier auf die „Natur des Menschen" bezogen haben, tauchte also, wenn schon kein Widerspruch, so doch eine gewisse Spannung innerhalb des Ausdrucks selbst auf. Denn der Sinn des „Natürlichen" – die Bedingungen der Subsistenz, die lebensnotwendigen Bedürfnisse eingeschlossen – wird durch den Sinn des „Mensch(lich)en" vorausgesetzt: die Verwirklichung wesenhafter menschlicher Vermögen. Das wirft eine Reihe von Fragen auf. Ist das Natürliche nur eine Bedingung der Möglichkeit für die Verwirklichung des Menschen? Ist es wirklich ein

Teil des Mensch(lich)en? Hat das Menschliche, hat der Mensch seinen eigenen Anteil an (der) Natur, seine eigene Natur? Und wenn ja, welche Beziehungen unterhält diese Natur mit den anderen Teilen der Natur, mit anderen Naturen? Die letzte Frage wird durch den Begriff des Gattungswesens aufgeworfen, der wiederum eine weitere aufwirft: Betrachtet Marx – indem er sich auf eine gewisse Hegellektüre stützt – die Natur ausschließlich aus der Perspektive des Menschen? Oder gilt ihm vielmehr jede Unterscheidung als von einem Ensemble irreduzibler Differenzen abgeleitet, wodurch das menschliche Sein dezentriert und zu einem singulären Teil innerhalb einer umfassenderen Natur wird?

In seinen Überlegungen zur entfremdeten Arbeit bezieht Marx sich auf die Natur als Stoff, als Materie, die der Arbeiter bearbeitet, aber auch auf die Natur als Lebensmittel für den Arbeiter. So wird die Natur mit den Begriffen der Materialität, des Lebens, des Lebendigen und des Subsistenz- oder Lebensmittels verknüpft. In dem Kapitel mit dem Titel „Die entfremdete Arbeit" schreibt Marx folgendes:

Betrachten wir nun näher die *Vergegenständlichung*, die Produktion des Arbeiters und in ihr die *Entfremdung*, den *Verlust* des Gegenstandes, seines Produkts. Der Arbeiter kann nichts schaffen ohne die *Natur*, ohne die *sinnliche Außenwelt*. Sie ist der Stoff, an welchem sich seine Arbeit verwirklicht, in welchem sie tätig ist, aus welchem und mittelst welchem sie produziert. Wie aber die Natur [die] *Lebensmittel* der Arbeit darbietet, in dem Sinn, daß die Arbeit nicht *leben* kann ohne Gegenstände, an denen sie ausgeübt wird, so bietet sie andrerseits auch d[ie] *Lebensmittel* in dem engern Sinn dar, nämlich die Mittel der physischen Subsistenz des *Arbeiters* selbst. Je mehr also der Arbeiter die Außenwelt, die sinnliche Natur, durch seine Arbeit sich *aneignet*, um so mehr entzieht er sich *Lebensmittel* nach der doppelten Seite hin, erstens, daß immer mehr die sinnliche Außenwelt aufhört, ein seiner Arbeit angehöriger Gegenstand, ein *Lebensmittel* seiner Arbeit zu sein; zweitens, daß sie immer mehr aufhört, *Lebensmittel* im unmittelbaren Sinn, Mittel für die physische Subsistenz des Arbeiters zu sein. Nach dieser doppelten Seite hin wird der Arbeiter also ein Knecht seines Gegenstandes, erstens, daß er einen *Gegenstand der Arbeit*, d. h., daß er Arbeit erhält, und zweitens, daß er *Subsistenzmittel* erhält. Erstens also, daß er als *Arbeiter*, und zweitens, daß er als *physisches Subjekt* existieren kann.[17]

In dieser Darstellung taucht die Natur zunächst als sinnliche Außenwelt auf, Bedingung der Arbeit des Arbeiters. Dieser muss die Natur bearbeiten; er muss einen sinnlichen Gegenstand vor sich haben. Arbeit wird verwirklicht durch die Tätigkeit, die er am Gegenstand und mittels seiner ausübt. Die menschliche Arbeit *belebt* den Gegenstand, und sie benötigt den Gegenstand, um verwirklicht zu werden. Der erste Gedanke ist also folgender: Der Gegenstand wird durch die menschliche Arbeit belebt. Der Gegenstand als solcher ist unbelebt, und er belebt auch nichts anderes außerhalb seiner. Aber warum eigentlich nicht? Warum ist das Leben des Gegenstandes abhängig von der belebenden Tätigkeit der Menschen? Warum hat die Belebtheit ihren Ursprung im Menschen?

Dieser erste Gedanke scheint zunächst eine anthropozentrische Interpretation von Marx' These zu bekräftigen, eine Deutung, die durch die verschiedenen Varianten von „objektorientierter"

Philosophie und Ontologie begünstigt wurde, die auf unterschiedliche Weise auf die theoretische Arbeit Bruno Latours aufbauen.[18] Ein zweiter Gedanke verkompliziert allerdings den ersten: Die Natur bietet den Menschen *Mittel zum Leben.* Und zwar aus zwei verschiedenen, aber miteinander verwandten Gründen: Einerseits *ist* die Natur *selbst* Lebens- oder Subsistenzmittel. Andererseits liefert sie den Gegenstand der Arbeit, das heißt es gibt, wenn man diesem Modell folgt, keine Arbeit ohne Gegenstand, und also keine Arbeit ohne Natur; und Arbeit beziehungsweise der Arbeitslohn ist wiederum nötig um das Überleben des Menschen zu sichern, das heißt seine Subsistenz: Unter den Bedingungen der gegenwärtigen politischen Ökonomie ist der Arbeiter gezwungen zu arbeiten, um sich als physisches Subjekt zu erhalten und fortzubestehen. Der Fortbestand seiner sinnlichen Existenz hängt also von der Möglichkeit ab, Arbeit zu finden und zu behalten, die ihm einen Lohn, das heißt letztlich Subsistenzmittel garantiert. Je mehr er am sinnlichen Gegenstand arbeitet, desto mehr wird er ausgebeutet, und desto größer ist der aus seiner Arbeit gewonnene Wert zum Zweck der Profitakkumulation. Daher, so Marx, ist seine physische Subsistenz gefährdet. Das ist etwas anderes, als die Nicht-Verwirklichung seiner menschlichen Ausdrucksvermögen in Form von Arbeit, aber nicht ohne Bezug zu ihr. Physische Subsistenz allein reicht nicht aus, um jene Ausdrucksvermögen zu verwirklichen, aber die Verwirklichung der Ausdrucksvermögen setzt physische Subsistenz voraus.

Der Arbeiter kann nicht zugleich am Gegenstand – der Natur – arbeiten und aus ihr die Mittel zum Überleben gewinnen. Je mehr er am Gegenstand arbeitet, desto weniger Subsistenzmittel besitzt er. In diesem Sinne wird er zum Knecht des Gegenstandes, allerdings nur insofern, als der Gegenstand jemandem oder einem System gehört, das darum bemüht ist, das Leben des Arbeiters zu erhalten, damit dieser weiterhin arbeiten kann; das heißt nur insofern, als der Gegenstand der Arbeit eine Verdichtung dieser Macht, dieses Systems ist. Wenn hingegen Arbeit im Überfluss vorhanden ist, dann ist selbst seine Subsistenz nicht länger erforderlich. Die Arbeit kann aus dem lebendigen Wesen gewonnen werden, es kann krank werden oder sterben, doch diejenigen, die im Besitz der Produktionsmittel sind, werden dann stets einen anderen Arbeiter finden, aus dem Arbeit gewonnen werden kann, bis auch dessen physische Existenz gänzlich ausgeschöpft oder irreparabel beschädigt ist. Der Arbeiter arbeitet also an der Natur, um seine eigene Subsistenz zu sichern, aber die Organisation der Arbeit hat zur Folge, dass der Wert seiner Arbeit umso mehr von seiner Subsistenz getrennt wird, je mehr er am Gegenstand arbeitet, und umso stärker ist auch sein Leben bedroht. Je mehr er am sinnlichen Gegenstand arbeitet, desto mehr ist seine eigene sinnliche Existenz bedroht. Indem er innerhalb eines Systems der Arbeit, das sein Leben zu entbehren bereit ist, nach Subsistenzmitteln strebt, riskiert er den Verlust seiner eigenen physischen Existenz, seines sinnlichen Seins und seines Lebens selbst. Die Arbeit erhält ihn nicht am Leben oder sichert seine Subsistenz, sie wird vielmehr selbst zu dem, was seine Subsistenz gefährdet. Somit führt die Arbeit nicht zum Ziel der Verwirklichung seiner wesenhaften Vermögen oder Tätigkeiten. In der Sprache der politischen Ökonomie heißen die zum Leben notwendigen Mittel „Subsistenzmittel". Der Begriff betont das physische Leben des Arbeiters und offenbart den Zustand ständiger Prekarität, dem er nicht nur im Rahmen des kapitalistischen Systems (dem Marx sich in seinen späteren Texten widmen wird) ausgesetzt ist, sondern auch durch Verhältnisse, in denen Arbeit befristet und ungewiss ist und in denen die radikale Ersetzbarkeit und Entbehrlichkeit des Arbeiters zur Norm wird.

Man könnte versucht sein zu sagen, dass *das Proletariat* für Marx der Name für das kollektive Vermögen der Arbeiter war, und dass heute *das Prekariat* der bessere Name für das Kollektiv all jener ist, deren Arbeit flüchtig und kurzzeitig und deren Schulden unbezahlbar geworden sind. Doch schon beim frühen Marx lassen sich Umrisse eines Begriffs von „Prekarität" erkennen, wenngleich er das Wort nicht verwendet. Prekarität bedroht ständig die Aussicht auf physische Subsistenz der Arbeiter_innen, und mehr noch all derer, die keine Arbeit finden können, die regelmäßig von einem System der Arbeit im Stich gelassen werden, in dem sie als konsumier- und austauschbar gelten, und für die kaum oder keine soziale Absicherung vorhanden ist, ja, denen selbst die Idee sozialer Absicherung allmählich völlig abhandenkommt.

Subsistenz als solche ist somit nicht nur die Bedingung der Möglichkeit für die Verwirklichung von Arbeit, sie ist auch das Ziel der Arbeit in kapitalistischen Verhältnissen, wobei die kapitalistische Produktionsweise sich die Tatsache zunutze macht, dass die Schwelle der Subsistenz variabel ist. Denn Marx vertritt die These, dass die Schwelle, unterhalb derer Subsistenz nicht mehr gewährleistet ist, von denen festgelegt wird, die den Arbeiter ausbeuten. Im Grunde gibt es nicht die eine Schwelle der Subsistenz; es gibt keine festgelegte Anzahl an Bedürfnissen, über die sich alle einig wären. Nun möchten diejenigen, die die Bedürfnisse festlegen, sie auf ein Minimum reduzieren, und ihnen ist die Vorstellung relativ gleichgültig, der Arbeiter könnte verletzt, krank oder arbeitsunfähig werden, oder gar sterben. Wenn man davon ausgeht, dass die Arbeiter nach Belieben ersetzt werden können, dann verschwindet de facto die Subsistenzschwelle als Mindeststandard, da sie für die Produktion nicht mehr benötigt wird. Und obwohl Marx, wie wir gesehen haben, zwischen der Sphäre der physischen Bedürfnisse und der wahren Sphäre der menschlichen Freiheit unterscheidet, zeigt er uns zugleich, dass ein solcher Unterschied allenfalls ein feiner ist. Um das zu begreifen, müssen wir zunächst verstehen, was für eine Art von Tier der Mensch ist, wozu wir in unserer Neubetrachtung der frühen Manuskripte zwei weitere Gedanken näher ins Auge fassen müssen: erstens den Begriff des „Gattungswesens“ und zweitens die Aussage, die Natur sei der unorganische Körper oder Leib des Menschen.

Betrachten wir also den Abschnitt aus „Die entfremdete Arbeit“, in dem die beiden Begriffe zusammen auftauchen:

Der Mensch ist ein Gattungswesen, nicht nur indem er praktisch und theoretisch die Gattung, sowohl seine eigne als die der übrigen Dinge, zu seinem Gegenstand macht, sondern – und dies ist nur ein andrer Ausdruck für dieselbe Sache –, sondern auch *indem er sich zu sich selbst als der gegenwärtigen, lebendigen Gattung verhält**[19], indem er sich zu sich als einem *universellen,* darum freien Wesen verhält. Das Gattungsleben, sowohl beim Menschen als beim Tier, besteht physisch einmal darin, daß der Mensch (wie das Tier) von der unorganischen Natur lebt, und um so universeller der Mensch als das Tier, um so universeller ist der Bereich der unorganischen Natur, von der er lebt. Wie Pflanzen, Tiere, Steine, Luft, Licht etc. theoretisch einen Teil des menschlichen Bewußtseins, teils als Gegenstände der Naturwissenschaft, teils als Gegenstände der Kunst bilden – *seine geistige unorganische Natur, geistige Lebensmittel, die er erst zubereiten muß zum Genuß und zur Verdauung** –, so bilden sie auch *praktisch** einen Teil des menschlichen Lebens und der menschlichen Tätigkeit. Physisch lebt der Mensch nur von diesen Naturprodukten, mögen sie nun in der Form der Nahrung, Heizung, Kleidung, Wohnung etc. erscheinen. *Die Universalität des Menschen erscheint praktisch eben in der Universalität, die die ganze Natur zu seinem unorganischen*** *Körper macht**, sowohl insofern sie 1. ein unmittelbares Lebensmittel, als inwiefern sie [2.] die Materie, der Gegenstand und das Werkzeug seiner Lebenstätigkeit ist. *Die Natur ist der unorganische*** *Leib*** *des Menschen**, nämlich die Natur, soweit sie nicht selbst menschlicher Körper ist. Der Mensch *lebt* von der Natur, heißt: Die Natur ist sein *Leib,* mit dem er in *beständigem Prozeß** [*continuous interchange* (*A. d. Ü.*)] bleiben muß, um nicht zu sterben. Daß das physische und geistige Leben des Menschen mit der Natur zusammenhängt, hat keinen andren Sinn, als daß *die Natur mit sich selbst zusammenhängt**, denn der Mensch ist ein Teil der Natur.
Indem die entfremdete Arbeit dem Menschen 1. die Natur entfremdet, 2. sich selbst, seine eigne tätige Funktion, seine

Lebenstätigkeit, so entfremdet sie dem Menschen die *Gattung*; sie macht ihm das *Gattungsleben* zum Mittel des individuellen Lebens. Erstens entfremdet sie das Gattungsleben und das individuelle Leben, und zweitens macht sie das letztere in seiner Abstraktion zum Zweck des ersten, ebenfalls in seiner abstrakten und entfremdeten Form.[20]

Wir wissen, dass Entfremdung für Marx die des Arbeiters vom Gegenstand seiner Arbeit, vom Arbeitsprozess, aber auch von seinem Gattungswesen sein kann. Aber inwiefern ist der Mensch ein Gattungswesen? Zunächst legt Marx dar, dass der Mensch sowohl in einem praktischen als auch in einem theoretischen Sinne ein Gattungswesen ist, indem er die Gattung zu seinem Gegenstand macht und sich selbst als eine Gattung unter anderen betrachtet, und indem er sich zu sich selbst als einer gegenwärtigen und lebendigen Gattung verhält, indem er sich zu sich selbst als einem universellen und also freien Wesen verhält. Wir könnten vernünftigerweise erwarten, dass Menschen von Tieren unterschieden werden, insofern sie Freiheit und Universalität als wesentliche Merkmale ihres Gattungswesens verwirklichen oder bekunden, was Tiere nicht tun. Doch gleichzeitig erfahren wir, dass Menschen Tiere unter anderen Tieren sind, und dass die Animalität niemals vollständig überwunden sein wird, solange Menschen sich zu sich selbst als einem Gattungswesen verhalten. Wenn wir über das Leben der Gattung sprechen, *„das Gattungsleben"**, beziehen wir uns auf das, was gemeinhin Menschen *und* Tiere charakterisiert. Marx wird noch deutlicher, wenn er schreibt, dass das Leben der

Gattung in der Tatsache besteht, dass, physisch betrachtet, sowohl Menschen als auch Tiere von „unorganischer Natur" leben. Entgegen der Erwartung stellen wir also fest, dass das Universelle im Menschen auch das Universelle im Tier ist, denn die unorganische Natur ist das Feld, die Sphäre der Universalität. Marx beschreibt hier ein Verhältnis der Angewiesenheit, der Abhängigkeit gegenüber der Natur, ohne die weder Menschen noch Tiere überleben können. Sie sind in dieser Angewiesenheit und in der Notwendigkeit vereint, ihre Lebensmittel zu finden und sicherzustellen, das heißt eine ihnen äußerliche Natur zum Zwecke der Subsistenz verfüg- und genießbar zu machen. Ihr Leben ist nicht von dem Prozess zu trennen, durch den sie mit der Natur verbunden sind und von ihr leben. Außerdem müssen sie diese Natur vorbereiten – Marx gebraucht das Wort „zubereiten" – und sie für den Konsum und den Genuss aufbereiten. Weder ist das eine Form von Arbeit, die die Natur beherrscht, noch ist sie notwendigerweise Teil des Austauschsystems. Dieses Arbeiten *an* und *mit* den Stoffen, verstanden als eine Form der Vorbereitung, bezeichnet ebenso die Zubereitung von Nahrung wie die Vorbereitung für die Betrachtung durch Wissenschaft oder Kunst (als theoretische Bereiche). Aus theoretischer Perspektive bilden diese Stoffe, diese Gegenstände die *geistige* unorganische Natur des Menschen; aber wenn man sie praktisch betrachtet, bilden sie die *materielle* unorganische Natur des Menschen, insofern sie zum Fortbestand und zur Reproduktion der lebendigen Wesen beitragen. Das Geistige und das Materielle sind nicht auf zeitlose Weise voneinander unterschieden; das eine wird zum anderen und umgekehrt, je nachdem, welche Perspektive man zu ihnen einnimmt. Und schließlich sind diese Dimensionen der unorganischen Natur nicht einfach nur äußerliche Gegenstände, die der Mensch bearbeitet, sondern sie sind auch Teil des Menschen. Wir wissen, dass der Mensch den Gegenstand durch seine Arbeit verwandelt und dass der bearbeitete Gegenstand den menschlichen Arbeiter widerspiegelt. Aber es zeigt sich, dass auch der Arbeiter selbst vom Gegenstand seiner Arbeit und vom ganzen System der Natur verwandelt wird. Letztere sind wesentlicher Bestandteil seiner Tätigkeit. Tatsächlich bilden sie seinen Körper in einem ganz bestimmten Sinne, insofern der Körper nun zugleich eine organische und eine unorganische Dimension hat. Die Unterscheidung zwischen den beiden Dimensionen variiert je nachdem, ob man die Natur aus einer theoretischen oder einer praktischen Perspektive betrachtet. Im letzten Teil dieses Vortrags werden wir versuchen zu verstehen, wie diese Unterscheidung funktioniert, und was das für unsere Lektüre dieser Marx'schen Körper impliziert.

Aus einer zeitgenössischen Perspektive ist man vielleicht geneigt zu fragen, warum die Natur überhaupt als *unorganisch* beschrieben werden sollte. Man könnte meinen, dass Tiere und Menschen auf die *organische* Natur angewiesen sind, insofern sie auf Nahrung oder auf natürliche Materialien zum Bau von Schutzraum angewiesen sind. Aber in welcher Hinsicht ist zum Beispiel Holz unorganisch? Oder unter welchen Bedingungen wird es unorganisch? Meinem Verständnis nach ist erstens die organische Natur belebt, wohingegen die unorganische Natur unbelebt ist oder darauf wartet, belebt zu werden; zweitens ist zum Beispiel ein Baum so lange organisch, bis er zu Holz, das heißt zu einem brauchbaren Material umgewandelt und verarbeitet wird. Er wird dann, in Marx' Worten, „unorganisch". Er behält zwar seine materielle Beschaffenheit, aber sein Leben bezieht er von der menschlichen Tätigkeit, die ihn für den Gebrauch, den Konsum oder den Genuss vorbereitet. Sobald man an und mit dem Gegenstand arbeitet, wird dieser unorganisch und unbelebt, und gleichzeitig erlangt er gerade infolge dieser Form von Arbeit einen Aspekt der Belebtheit.

Sollte man in dieser Passage eine unzweideutige Bestätigung der These sehen, der zufolge Marx die Beherrschung der Natur durch den Menschen befürwortet, insofern sie den Ausdruck einer dem Menschen eigenen Universalität ermöglicht? Oder ist hier etwas ganz anderes im Spiel: eine Beziehung zwischen Menschen, Tieren und der Natur, in deren Zentrum nicht der Mensch steht? An einem Punkt bezeichnet Marx diese Beziehung als „beständigen Prozess" des Austauschs, als Wechselbeziehung, womit er nahelegt, dass das Universelle in der Natur gerade in dieser Abhängigkeit oder Angewiesenheit des Lebendigen gegenüber der Natur besteht, ohne die kein Überleben möglich wäre. Wir könnten das Wort

„Subsistenz“ verwenden, um dieses menschliche Bedürfnis, diese Notwendigkeit zu beschreiben, von der Natur zu leben, doch „Subsistenz“ ist eine variable Schwelle, die in der politischen Ökonomie gründet, und die nicht die Bedeutung von lebendiger Angewiesenheit birgt, die Marx hier betonen möchte. Vielleicht ist „Persistenz“ das bessere Wort, um die Tätigkeit und die Absicht zu beschreiben, nach den Mitteln zum (Über-)Leben zu suchen. In diesem entscheidenden Absatz, in dem Marx die Natur als den unorganischen Körper des Menschen bezeichnet, schreibt er, dass die „Universalität des Menschen [...] praktisch eben in der Universalität [erscheint], die die ganze Natur zu seinem unorganischen Körper macht“. Die unorganische Natur existiert also nicht als solche, sondern sie entsteht durch eine bestimmte Form von Arbeit. Diese Entstehung der unorganischen Natur ereignet sich in dem Moment, wo die Natur zum unmittelbaren Lebensmittel wird; die Natur verliert ihre Eigenschaft der Belebtheit, sobald sie den Arbeiter belebt, ihn mit Leben erfüllt oder am Leben erhält: ihre Materie wird gleichsam zum Gegenstand und *Werkzeug** der Lebenstätigkeit des Arbeiters.

Denn eines sollte vollkommen klar sein: Ohne diese Natur gibt es keine Lebenstätigkeit und kein Leben. Und das Universelle – weit davon entfernt, eine reine Freiheit oder entkörperlichte Form der Vernunft zu sein – ist gerade diese Angewiesenheit des Lebens auf die Natur, die allen lebendigen Wesen – nicht nur Menschen und Tieren – inhärent ist. Wenn Marx also schreibt, dass die

„Natur der unorganische Körper des Menschen“ ist, dann sagt er letztlich, dass die Natur den Menschen nur als unorganische am Leben erhalten kann. Das erscheint vielleicht kontraintuitiv, nicht nur, weil wir unser Obst gerne *organic* mögen, und dafür sogar so manchen Umweg in Kauf nehmen. Aber Marx arbeitet hier mit einer bestimmten Unterscheidung zwischen „organisch“ und „unorganisch“, die zum Teil von Hegels Naturphilosophie inspiriert ist. Marx erläutert diese Formulierung zunächst folgendermaßen: „Der Mensch *lebt* von der Natur, heißt: Die Natur ist sein *Leib,* mit dem er in *beständigem Prozeß* bleiben muß, um nicht zu sterben.“[21] Marx betont also, dass die menschliche Kreatur sich nicht von den Lebensprozessen trennen lässt, auf die sie angewiesen ist, und dass dieser beständige Prozess, dieser kontinuierliche Austausch gerade das ist, was mit Universalität gemeint ist. Die Natur „hängt“ mit sich und ihrem eigenen Selbst „zusammen“, und diese Beziehung, dieser ununterbrochene Prozess ist oder konstituiert den unorganischen Körper der Menschen. Die Natur wird erst zur *un*organischen, aber sie bleibt solange ein Leib, bis sie in diesen Prozess eintritt, und wird erst dann zum Körper. Tatsächlich verwandelt der Austauschprozess mit der Natur, der diese Form der Arbeit kennzeichnet, die Natur von einer organischen in eine unorganische Wirklichkeit. Das gilt sowohl für psychische und geistige Tätigkeiten als auch für Essen und Trinken. Der Mensch, so Marx weiter, ist Teil der Natur. Wenn er isst, wird er von der Natur absorbiert. Wenn das Lebewesen, das der Mensch ist, einerseits einen *Körper** und andererseits einen *Leib** besitzt, dann scheint es, als hätte es zwei Körper: einerseits den *Leib**, der belebt ist, der danach strebt, weiter zu leben und der ihm eigentümlich angehört; andererseits den *Körper** der Natur, auf die der erste Körper, der Leib des Menschen, angewiesen ist, und mit der er in beständigem Prozess verbunden ist. Mit anderen Worten, ein lebend(ig)er Körper kann nur fortbestehen, wenn und solange es diesen beständigen Austauschprozess mit der Natur gibt, der die Bedingung für seine Persistenz und für den Fortbestand des Lebens darstellt. Das Fortbestehen des Prozesses ist nichts anderes als das Fortbestehen des Lebens selbst, also auch des menschlichen Lebens. Das heißt, ohne Austauschprozess gibt es kein Leben, und das Leben lässt sich außerhalb des Bezugsrahmens dieses Austauschprozesses nicht denken. Kein menschlicher Körper kann ohne den Körper der Natur leben; dieser ist sein eigener Körper und ist es doch wieder nicht; und sein Überleben hängt von dieser Dopplung ab. Dieser Prozess bedeutet Abhängigkeit, Verflechtung, Austausch (nicht Tausch), und Belebung; in ihm wird der Körper der Natur für den Körper des Menschen wesentlich.

Marx ruft uns dazu auf, uns diese Einheit vorzustellen. Und gleichzeitig sehen wir, dass er den Menschen in seiner kreatürlichen Abhängigkeit von einer natürlichen Welt behauptet, die be- und verarbeitet werden muss, damit Lebensmittel zur Verfügung stehen und der Fortbestand, die Persistenz des Lebens aller Gattungswesen gewährleistet ist. Wir finden bei Marx also nicht das eindeutige Bild einer vom Menschen beherrschten Natur, sondern vielmehr menschliche Geschöpfe, die auf die Natur angewiesen sind, ebenso wie auf die Tätigkeit, durch die die Natur zur Stütze und zum Subsistenzmittel der Lebewesen wird. Mit dieser Form von Arbeit sucht der Mensch nicht nach der Widerspiegelung seiner selbst in der Natur, sondern er arbeitet mit der Natur, um seine Lebens- und Subsistenzmittel sicherzustellen. Diese Form von Arbeit könnte zwar in Beherrschung oder Zerstörung der Natur umschlagen – für den Gebrauch, Konsum oder Tausch (Profit). Aber in dem Fall wäre sie nicht mehr die Form von arbeitender Tätigkeit, deren Zweck es ist, die zum Leben – nicht des Individuums, sondern des Gattungswesens – notwendigen Mittel sicherzustellen. Das Gattungswesen bezeichnet dabei jenen größeren Bereich der Vergesellschaftung, der mit dem in Zusammenhang steht, was Hegel das System der Bedürfnisse nannte. Erinnern wir uns, dass nur in Verhältnissen, in denen die Individuen von sozial organisierten Arbeitsweisen abgeschnitten sind, sie bei der Suche nach Lebensmitteln gänzlich auf sich allein gestellt sind. Das ist die Konsequenz bestimmter Gesellschafts- und Wirtschaftsformen, keine ontologische Prämisse ihres Verhaltens.

Wenn ich richtig liege – und auch andere haben diesen Gedanken vorgebracht[22] – dann müssen wir vielleicht diesen sehr spezifischen Gebrauch der Begriffe „organisch“ und „unorganisch“ genauer betrachten. Foster und Burkett weisen darauf hin, dass eine Analyse des Hegel'schen Einflusses auf Marx zeigen würde, dass es keine absolute Differenz (oder „Grenze") zwischen dem Organischen und dem Unorganischen gibt, sondern lediglich eine „dialektische Beziehung der Interdependenz".[23] Damit bestreiten sie, dass Marx' Theorie der Arbeit instrumentalistisch sei, und weisen darauf hin, dass dieses Missverständnis sich auf die besondere Art und Weise zurückführen lässt, in der die Begriffe des Organischen und des Unorganischen in seinem Werk auftauchen. Ich würde hinzufügen, dass Marx uns gewissermaßen eine perspektivistische Theorie präsentiert. Denn nur aus der Perspektive des menschlichen Organismus erscheint die Natur als unorganisch, was jedoch keineswegs der Aussage widerspricht, die Natur sei *an sich* organisch. Es bedeutet nur, dass die Natur von einem organischen in einen unorganischen Zustand übergeht, sobald sie an dem Prozess partizipiert, durch den der lebendige und organische menschliche *Leib** nach Mitteln zum Überleben strebt. Die Natur ist gewissermaßen an sich organisch, doch aus der Perspektive des Menschen betrachtet, beginnt sie, sobald sie die menschliche Existenz am Leben erhält, unorganisch zu werden; sodass es schließlich die Natur ist, die das menschliche Leben aufrechterhält und belebt.

Letzteres ist gewiss eine unbestreitbar anthropozentrische Sichtweise. Es scheint also, als hätte ich selbst meine These widerlegt, der zufolge sich beim frühen Marx ein nicht-anthropozentrischer Zug ausmachen lässt. Es gibt allerdings noch einen anderen Prozess, der in diesem Arbeiten für das Leben am Werk ist und der die Richtung des Umwandlungsvorgangs umkehrt. Marx sagt nämlich auch, dass die Menschen als Teil einer größeren organischen Natur verstanden werden sollten. Wenn das menschliche Leben endet, wird es zum reinen *Körper**, unbelebt aber auch koextensiv mit der Natur, die nun nicht länger als dem Menschen Subsistenz gewährend angesehen wird. Der Körper wird nicht mehr von der Natur gestützt und erhalten, und so wird er selbst zu Natur, verstanden in einem spezifisch nicht-anthropozentrischen Sinn, was immer schon eine Potentialität seiner lebendigen Variante war. Das heißt, es gibt keine zwei Naturen, und auch keine zwei Körper, sondern nur ein ewiges Oszillieren der Perspektiven (organisch/unorganisch), abhängig davon, ob man die Natur theoretisch oder praktisch betrachtet, durch jene praktische Form der Arbeit, welche die Natur als Lebensmittel für den Menschen aufbereitet. Dieselbe Natur erscheint unorganisch, solange sie dem menschlichen Leben äußerlich ist, als etwas außerhalb seiner selbst. Das kann bei einer theoretischen Perspektive der Fall sein, aber auch überall dort, wo die Perspektive und der Zugang nicht vom Problem des Überlebens geleitet werden (mit der Implikation, dass Theorie eine Form des Nicht-Hungrig-Seins ist).

In der *Enzyklopädie der philosophischen Wissenschaften* führt Hegel aus, dass das „Lebendige", das heißt das Lebewesen, als sich fortwährend erneuernder „Prozeß des Lebendigen *innerhalb* seiner"[24] selbst lebt, dass jedoch die Körperlichkeit diesem Lebewesen selbst zum Gegenstand werden und als etwas Äußerliches erscheinen kann. Und in dem Moment erscheint sein eigener Körper als „unorganische Natur". Interessanterweise existiert die unorganische Natur im Lebewesen „als ein *Mangel*".[25] Seine Organe sind voneinander unterschieden und einander „äußerlich", und der Körper erscheint nicht als gelebter Körper, sondern als äußeres Vermögen: „Das Lebendige steht einer unorganischen Natur gegenüber, zu welcher es sich als dessen Macht verhält und die es sich assimiliert."[26] Es mangelt ihm zum Leben an dem, was ihm selbst äußerlich ist, und gleichzeitig möchte es diese Äußerlichkeit überwinden. Hegel schreibt weiter:

> Die unorganische Natur, welche von dem Lebendigen unterworfen wird, erleidet dies um deswillen, weil sie *an sich* dasselbe ist, was das Leben *für sich* ist. Das Lebendige geht so im Anderen nur mit sich selbst zusammen.[27]

Mit dem Eintreten des Todes erweist sich die „Gattung" als mächtiger als das individuelle lebendige Wesen. Und die Äußerlichkeit wird überwunden, jedoch nicht indem die Macht des Lebewesens gesteigert wird, sondern indem die dialektische Interdependenz, die wechselseitige Angewiesenheit bejaht wird, die das Leben selbst ist. Hegel fügt hinzu: „Für das Tier ist der Prozeß der Gattung der höchste Punkt seiner Lebendigkeit."[28] Der „Prozess der Gattung" zeigt jedoch an, dass dieses Leben, das unmittelbare Leben, selbst vermittelt ist, dass es anderen Leben zugehört und seine Mittel zum Leben nur im Rahmen der sozialen und ökonomischen Organisation des Lebens zu finden vermag - oder zumindest wäre das die Marx'sche Variante von Hegels Behauptung. Das Lebewesen existiert nicht einfach auf unmittelbare Weise, sondern es ist sowohl vermittelt als auch hervorgebracht; und so wie es aus etwas anderem hervorgeht, so vergeht es auch in seiner Unmittelbarkeit. Es ist ein Leben das im Leben zu sich selbst zurückkehrt, wenngleich das unmittelbare Leben nicht dasselbe ist wie das vermittelte, und im Tod macht das Unorganische dem Organischen Platz.

Wenn Marx von Subsistenz spricht, meint er nicht den stetigen Zustand des Fortbestehens eines Organismus, der sich erhält, sondern eine erneuerte und anhaltende Tätigkeit, die für das Fortbestehen des Lebens, für die Persistenz selbst erforderlich ist. Wenn ein Lebewesen erzeugt und hervorgebracht wird, wird es belebt, zum Leben erweckt, und erst dann belebt es umgekehrt die Außenwelt. Das Belebt-Werden ist eine Folge des Hervorgebracht-Werdens, was bedeutet, dass die Kräfte der Belebung von vornherein außerhalb des menschlichen Subjekts liegen, genau wie die Formen von Interdependenz und wechselseitiger Angewiesenheit, die das organische soziale Wesen, das Gattungswesen bedingen und definieren, welches nun nicht mehr dem klassischen Humanismus entspricht. Wenn ich mehr Zeit hätte, würde ich gerne diese Vorstellung von beharrlicher Persistenz mit dem *Begehren zu leben* verknüpfen. Das Begehren zu leben mag oder mag nicht aus dem menschlichen Organismus hervorgehen, aber dieser Bezug zur Alterität wird als Bedürfnis, als Mangel bezeichnet, was darauf hindeutet, dass Persistenz und das Begehren fortzubestehen möglicherweise nicht vollständig voneinander zu trennen sind. Das Bemühen um die Überwindung der Äußerlichkeit kann die Form von Beherrschung oder Auflösung annehmen, aber hier wird noch ein anderer Aspekt angedeutet, der uns in die Nähe von Arbeitsformen führt, die mit Sorge und Pflege zusammenhängen, mit dem, was manchmal Reproduktionsarbeit genannt wird.

Der menschliche Organismus ist für und mit seinem eigenen Leben an die unorganische Natur gebunden, und er kann selbst unorganisch werden, da er als ein in mancher Hinsicht belebtes und in anderer Hinsicht unbelebtes Wesen lebt. Der Körper existiert in seiner natürlichen Umwelt nicht als ontologisch abgetrenntes Einzelwesen, sondern vielmehr als relationaler Prozess zwischen Bestimmungen, die getrennt oder verbunden werden können. Der Körper ist in der Natur und er ist aus ihr, sodass er, wenn dieser fortwährende Prozess unterbrochen oder zerstört wird, der Prekarität ausgesetzt sein kann. Dieser Prozess als beständiger Austausch erfordert Erneuerung – und die Bedingungen für Erneuerung.

Was wir vom frühen Marx lernen können ist, dass manche Verhältnisse das Begehren zu leben eher ermöglichen als andere; dass es Arbeitsbedingungen, dass es Formen von Arbeit gibt, die das Überleben sichern und gewährleisten, und andere, die dies nicht tun, und dass das Begehren zu leben stets das Begehren ist, in dieser Welt zu leben, und zwar auf eine bestimmte Art und Weise. Wenn die Welt uns nicht mehr trägt und stützt, wenn unser Überleben und unsere Persistenz gefährdet sind, was geschieht dann mit dem Begehren zu leben? Wenn das Leben in dem relationalen Prozess zwischen diesem lebendigen Körper und dem Körper einer unorganischen Natur besteht, mit dem er unvermeidlich verbunden ist, und wenn die soziale und ökonomische Organisation des Über-Lebens diesen Prozess zerstört, oder zu zerstören droht, dann kann auch das Begehren zu leben selbst gefährdet sein.

Insofern wir vermittelt, insofern wir Teil einer Gattung sind, sind wir stets zugleich mehr und weniger als *dieser* Körper, und dieser Körper erstreckt sich auf die Anderen und auf die Bedingungen des Lebens selbst. Weder Persistenz noch das Begehren zu leben können als selbstverständlich angesehen werden. Es handelt sich dabei weniger um wesenhafte Vermögen oder Attribute, als um soziale Möglichkeiten des Fortbestehens, die in Abhängigkeit von den Lebensbedingungen eröffnet oder zunichte gemacht werden. Dazu gehören zum Beispiel das Vorhandensein oder Nicht-Vorhandensein von Arbeit, Arbeitsformen, die Körper am Leben erhalten oder zugrunde richten, Wirtschaftsformen, in denen regelmäßig all jene im Stich gelassen werden, die in prekären Verhältnissen beschäftigt sind, und politische Agenden, die Kürzungen von Renten und Sozialleistungen vorsehen oder die das völlige Verschwinden der sozialen Sicherungssysteme zur

Folge haben. Und doch, das Eingeständnis dieser wechselseitigen Angewiesenheit und die Dezentrierung des lebendigen Subjekts, die sie impliziert, eröffnen uns neue Wege, über Verflechtung und Interdependenz nachzudenken. Vielleicht eröffnet sie sogar eine Form von Solidarität, die die scharfe Trennung zwischen der *conditio humana* und einer nachhaltigen und zu erhaltenden Umwelt verweigert. Doch dieser letzte Gedanke muss bis zum nächsten Mal warten.

Diskussion

Frage: Wenn Sie davon sprechen, dass der Körper der Natur zugehörig sei, dann impliziert dies eine Dynamik zwischen Körper, Geist und Natur, die an eine Dialektik der Individuation erinnert, wie wir sie bei Hegel finden, insbesondere in der Herr/Knecht-Dialektik. Inwiefern kann Ihre Interpretation unser Verständnis von Hegel erneuern? Und was wären die Konsequenzen für unser Verständnis von Marx?

Judith Butler: Selbstverständlich sind die *Ökonomisch-philosophischen Manuskripte von 1844* sehr stark Hegel und Feuerbach verpflichtet, aber man könnte auch an andere philosophische Erbschaften denken. In der *Phänomenologie des Geistes* erscheint der Herr, genau wie der Knecht, sehr plötzlich, und wir haben keinerlei Erklärung für die Gründe ihres „Erscheinens". Hegel sagt auch nicht klar und deutlich, wer durch diese Form der Arbeit am Leben erhalten wird. Natürlich besitzt der Herr den Gegenstand, den der Knecht bearbeitet, aber der Knecht arbeitet daran, einen handwerklichen Gegenstand zu produzieren, er verwandelt etwas in ein menschliches Artefakt. Nahrung allerdings wird nie erwähnt: Wir wissen nicht, wovon die Figuren sich ernähren, ja nicht einmal, ob sie es tun. Nun stimmt es, dass, wenn das Begehren zum ersten Mal in der *Phänomenologie des Geistes* definiert wird, es als eine Art von Appetit oder Hunger beschrieben wird, doch wir erfahren nichts über die soziale Organisation der Ernährung oder die soziale Organisation der Arbeit. Es ist deutlich erkennbar, dass in dieser Szene die Organisation der Arbeit wesentlich feudaler Natur ist. Nun verlegt Marx diese Szene in eine kapitalistische Welt, in der es nicht mehr die *Figur* des Herren oder die *Figur* des Knechtes gibt, sondern einen noch vagen Begriff des Kapitals, der das Herr/Knecht-Verhältnis durch die Eigentumsverhältnisse und die Arbeitsbedingungen erklärt.

Sie haben natürlich Recht, wenn Sie anmerken, dass ich mit der Rede von der Angewiesenheit und der Interdependenz oder wechselseitigen Abhängigkeit ein bisschen Hegel in meinen Marx einschleuse. Bei Hegel freilich ist es erst im Augenblick des Kampfes um Leben und Tod zwischen dem Herrn und dem Knecht, dass die Abhängigkeit oder Angewiesenheit als von beiden geteilte Angewiesenheit auf das Leben begriffen wird. Wenn der eine den anderen tötet, kann dieser wiederum jenen töten, und sie können beide ihr Leben verlieren: Es kann also keiner von beiden absolut herrschen, weil dann keiner überleben würde. Faktisch erfordert die Herrschaft, dass beide zumindest überleben. Es stellt sich also folgende Frage: Wie lässt sich das Überleben sichern und dabei gleichzeitig die Herrschaft aufrechterhalten? Und ich denke, es ist genau diese Frage, die Marx interessiert. Er greift also die

Hegel'sche Szene auf, um sich des Problems der Subsistenz und der Ausbeutung anzunehmen.

Sie haben an Althussers Kritik erinnert, der dem frühen Marx vorwarf, humanistisch zu sein, insofern er dem Menschen wesentliche Eigenschaften zugeschrieben und seine Determinierung, seine Bestimmung durch soziale Strukturen vernachlässigt habe. Wenn man aber, wie Sie es tun, die Einheit zwischen Mensch und Natur in den Vordergrund rückt und die primäre Bestimmung des Menschen durch sein Abhängigkeitsverhältnis zur Natur betont, stellt man dann nicht gewissermaßen eine Form von Ideologie wieder her? Und inwiefern berücksichtigt dieses Modell das Gewicht der sozio-ökonomischen Bestimmungen?

Ich würde sagen, die Angewiesenheit oder Abhängigkeit ist immer sozial organisiert, sie ist immer innerhalb von sozio-ökonomischen Strukturen organisiert, was nicht bedeutet, dass sie voll und ganz von ihnen bestimmt wird. Man muss aufpassen mit dem Wort „bestimmt", denn manchmal, und vor allem im Deutschen, bedeutet es einfach nur „spezifisch", und manchmal wiederum verweist es wirklich auf eine Kausalbeziehung und auf einen Determinismus.

Wenn man heute versucht sein kann, auf das zurückzukommen, was Marx über die Natur sagt, dann weil man mit dem Klimawandel konfrontiert ist, mit dem „Umwelt-Rassismus"[1], mit der ungleichen Verteilung von Nahrungsmitteln, mit großen Konzernen wie Monsanto und anderen, die die Natur ausbeuten und ungesunde

Nahrung produzieren, was uns nicht hilft, unser Leben und das des Planeten zu erhalten. Das ist der allgemeine Kontext, der erklären mag, warum man zu Marx zurückkehren möchte, um zu sehen, was sich dort finden lässt. Albert Memmi[2] und andere Autor_innen haben Abhängigkeit oder Dependenz als Triebfeder der kolonialen Struktur analysiert, eine Struktur, in der manche Teile der Bevölkerung so erzogen und ausgebildet werden, dass sie „abhängig" werden, oder als abhängig dargestellt werden, und zwar, um die koloniale Kontrolle zu begründen. Manche behaupten deshalb, man solle nicht von Abhängigkeit oder Dependenz sprechen, da diese Begriffe durch den Kolonialismus kontaminiert seien. Ich denke im Gegenteil, dass man sich die Begriffe der Abhängigkeit und der wechselseitigen Angewiesenheit, der Interdependenz wieder aneignen kann, und zwar mit dem Ziel, den Kampf gegen die Folgen des Kapitalismus, des Kolonialismus und der schonungslosen Produktion auf Kosten der Natur weiterzuführen. Ich glaube, dass es Interdependenz immer gibt – bin ich, wenn ich so etwas behaupte, essentialistisch? Vielleicht [lacht]. Doch es gibt, denke ich, noch einen anderen Aspekt: Diese wechselseitige Angewiesenheit, diese Interdependenz wird immer unterschiedlich organisiert, sodass man keine Essenz, keine Wesenheit aus ihr ableiten kann. Ich möchte versuchen, diese beiden Aspekte zusammenzuhalten.

Althusser hat über seine Kritik an der humanistischen Lesart von Marx' Text aber auch gesagt, dass sie mehr oder minder strategisch motiviert gewesen sei.[3] *Er hat stets betont, dass der zentrale Begriff der Linken der Klassenkampf sei und nicht der Humanismus - nicht, dass es nicht auch bei Althusser Humanismus gebe, denn man kann in der* Antwort an John Lewis[4] *und anderen Texten durchaus feststellen, dass er den Humanismus nicht vollständig verwirft; doch er sagt, dies sei nicht der Schlüsselbegriff der Linken. Was denken Sie über die Kritik am Humanismus als Ideologie? Nicht zuletzt in Bezug auf die Tatsache, dass Althusser in* Für Marx *auch der Ansicht war, wir erlägen einer ideologischen Vorstellung, wenn wir unser Bewusstsein auf die Welt projizieren, indem wir behaupten, wir seien die Welt oder die Natur.*[5]

Erinnern wir uns zunächst, dass Ideologie für Althusser nichts ist, was wir einfach loswerden, von dem wir uns einfach befreien könnten: Sie ist die Luft, die wir atmen. Die Anrufung durch die Ideologie kann zum Gegenstand einer Analyse, einer Verweigerung werden, die aus uns „schlechte" oder „falsche" Subjekte macht, oder noch ganz andere Dinge; aber sie ist nichts, von dem sich ein aufgeklärtes Subjekt einfach frei machen oder das es widerlegen und ablehnen könnte; es kann ihr also auch nicht entgehen. So ist es meiner Meinung nach auch mit dem Humanismus: Für Althusser ist und bleibt er eine Tatsache. Ich denke, er will daraus, wie Sie sagen, keine politische Parole, keine *Mobilisierungsstrategie* machen. Und er kann auch kein philosophisches Fundament darstellen. Der Humanismus kann Teil der Ideologie sein, in der wir leben, wie auch Teil der imaginären Beziehung zu unseren Existenzbedingungen; sodass es wenig verwunderlich ist, ihn im Denken Althussers zu finden und zirkulieren zu sehen, ohne dass er je zum philosophischen Fundament oder zur politischen Devise wird. Aber die von Ihnen genannte Referenz ist sehr wertvoll, und ich denke es wäre interessant, sie in die Diskussion aufzunehmen. Wenn Althusser in dieser ersten Schrift über den Marxismus und den Humanismus sagt, dass er sich nicht mit menschlichen Wesenheiten, sondern mit Praktiken befassen will, so kann man sich fragen, wie es um den Status dieser Praktiken bestellt ist: Warum spricht er von Praktiken und nicht von Institutionen oder Systemen? In welchem Verhältnis stehen die Praktiken zu den Strukturen? Mit der Zeit festigt und stabilisiert sich ein Vokabular, und die essentialistischen Begriffe werden nach und nach durch andere ersetzt. Wobei letztere immer noch das Echo des essentialistischen Vokabulars mit sich führen, das Althusser versucht zu überwinden.

Sie scheinen es teilweise vorzuziehen, den Begriff „Mensch" [homme, auch „Mann" (A. d. Ü.)] - wie auch andere männliche Formen wie zum Beispiel „Arbeiter" - beizubehalten, wo Marx ihn im Sinne von „menschliches Wesen" im Allgemeinen verwendet. Erlaubt eine solche Entscheidung ein feineres Verständnis der Begriffe von Autoren wie Marx? Denken Sie, dass seine Verwendung des Wortes „Mensch" [homme] sich von dem Gebrauch, den wir heute vom Wort „Mensch" [humain] machen, unterscheidet?

Zunächst einmal gibt es im Deutschen (im Gegensatz zur Polysemie des französischen *homme* und des englischen *man*) einen deutlicheren Unterschied zwischen *Mensch* und *Mann*; selbst wenn der Begriff *Mensch* immer noch vergeschlechtlicht ist, so ist er das nicht so sehr wie *Mann*. Aber ich bin auch der Meinung, dass man manchmal die Wörter der Sprache des Originals beibehalten muss – in der der Mensch [*humain*] als Mann vorausgesetzt wird –, um den Bedeutungsresonanzen, der semantischen Unbeständigkeit, den Implikationen dieser Wörter nachzuspüren. Aber meine Position ist durchaus ambivalent, denn teilweise habe ich *„man"* durch *„human"* ersetzt. Gleichwohl erlaubt die Tatsache, dass der Mensch in dem Text durch den Mann repräsentiert wird, ein geschlechtsspezifisches Verständnis des Arbeiters, oder eher der Arbeit, das heißt eine Analyse der Arbeit unter Einbeziehung der Kategorie *Gender*. Denn so wird die Kritik am Anthropozentrismus gleichzeitig auch zur Kritik eines gewissen Stereotyps von Männlichkeit. Und dieser Spur zu folgen erscheint mir durchaus fruchtbar. Ich behaupte nicht, dass man es stets tun sollte, aber es kann gut sein, es zu versuchen, nur um zu sehen, was dabei herauskommt.

Aber in Ihrem Vortrag haben Sie vom Körper des Mannes gesprochen; was ist mit dem Körper der Frauen?

Was ich interessant finde, ist, dass diese nicht beherrschende Arbeit an und mit der Natur mit dem Ziel, die Bedingungen für die Subsistenz des menschlichen Körpers zu schaffen, einen Begriff von Reproduktionsarbeit impliziert. Wenn man sich fragt, wie diese Reproduktionsarbeit sozial organisiert wird und dabei Engels zurate zieht, dann sieht man, dass diese Form von Reproduktionsarbeit gemeinhin als weibliche Arbeit verstanden wird – und natürlich ist sie, so wie Engels sie versteht, auch unbezahlte Arbeit. Eine andere Möglichkeit, dieser Fragestellung nachzugehen, bestünde darin, sich zu fragen, ob es nicht eine implizite Vorstellung von Reproduktionsarbeit gibt, die ökologischer wäre und zugleich weniger anthropozentrisch, weniger abhängig von der Vorstellung des Mannes [*homme/man*] und mit der sich die Frage der Reproduktionsarbeit erneut stellen ließe, um vielleicht eine neue, vergeschlechtlichte Dimension der Arbeit einzuführen. Mein Feminismus hat keine ökologische Orientierung, auch wenn ich diese Orientierung habe – es ist etwas kompliziert [lacht]. Ich meine, es gibt eine Art von ökologischem Feminismus, der Frauen mit der Natur assoziiert, dem ich wenig abgewinnen kann. Ich weiß nicht, ob Frauen der Natur näher sind als andere – und im Grunde will ich es auch gar nicht wissen. Das führt zu Formen von Essentialismus, die ich nicht vertreten kann. Wenn wir im Gegenteil in den Begriffen der geschlechtsspezifischen Arbeitsteilung denken, wenn wir die Reproduktionsarbeit als weibliche und unbezahlte Arbeit denken, dann entsteht ein anderes Modell, in dem Arbeit als eine nicht beherrschende Beziehung zur Natur gedacht wird, die den Erhalt des Lebens sicherstellt. Und ich denke, Engels könnte uns darüber einige interessante Dinge lehren. Das wäre zudem nicht nur eine Kritik des *Anthropos* als Begriff, der die Zentralität des Menschen anzeigt, sondern auch des *Anthropos* als männlichem Begriff von Herrschaft. Man muss jedoch vorsichtig sein, wenn man diesen Weg beschreitet, denn nochmal, ich will keineswegs behaupten, dass es männlich ist, zu herrschen oder dass Herrschaft und Dominanz dem Mann [*homme/man*] eigentümlich ist. Vielmehr gibt es eine soziale Organisation, innerhalb derer es den Frauen zukommt, den Erhalt des Lebens zu garantieren, und den Männern, zu herrschen. Und vielleicht untersucht Marx genau diese Spannung, ohne über den Begriff des Geschlechts [*gender*] zu verfügen, und nicht einmal über einen Begriff von Reproduktionsarbeit, der zu diesem Zeitpunkt in den *Manuskripten* von 1844 nicht entwickelt wird.

Mir scheint, dass Marx, neben vielen anderen, manchmal von der Gesellschaft als einem organischen Ding spricht, dass er die Gesellschaft als Organismus denkt. Was denken sie über diese Terminologie? Und was denken sie über den Begriff der „Pathologien des Sozialen", wie er zuletzt vor allem von Autor_innen im Umkreis der Frankfurter Schule diskutiert wurde?[6]

In der Tat habe ich die Frage nicht erörtert, ob die Gesellschaft als ganze als Organismus betrachtet werden sollte oder nicht und ob wir dieser organischen – manche würde sagen organizistischen – Sicht auf die Gesellschaft zustimmen wollen. Eine schnelle Antwort auf diese Fragestellung bestünde darin, dass mich diese Sichtweise nicht wirklich interessiert. Und einer der Gründe für mein Desinteresse an ihr besteht darin, dass sie die Gesellschaft als eine Art Einheit vorstellt, als handelte es sich um einen lebendigen Organismus. Nun denke ich nicht, dass Gesellschaften so sind, vor allem weil sie keine begrenzten Einheiten sind: Sie werden genau so sehr durch das definiert, was sie umgibt, und durch Austauschprozesse untereinander. Ihre Interrelationalität erscheint mir also deutlich interessanter. Ich denke nicht, dass das organische Modell als normatives Ideal für soziale und politische Ordnungen fungieren sollte. Aber besonders problematisch ist es meiner Meinung nach, wenn man sich vollständig weigert, die Wechselbeziehung mit dem zu berücksichtigen, was Marx die Natur nennt – und was wir die Umwelt oder die globalen Bedingungen des Überlebens nennen würden.

Ich interessiere mich also deutlich mehr für die Austausch- oder Wechselbeziehung, von der Marx spricht. Die Idee, dass man bestimmte Gesellschaftsformen „pathologisch“ nennen könnte, setzt selbstverständlich voraus, dass man eine Vorstellung davon hat, was das Normale oder das Nicht-Pathologische ausmacht.

Doch das „Normale“ wurde offensichtlich als Instrument der Unterdrückung benutzt, insbesondere gegenüber der LGBTQ-Community. Braucht man einen Begriff von Pathologie, um eine wirksame Kritik zu entfalten? Natürlich kommt es vor, dass ich im Alltag pathologische

Kategorien benutze oder Kategorien der medizinischen Diagnose – zum Beispiel, um das Individuum zu beschreiben, das zurzeit Präsident der Vereinigten Staaten von Amerika ist. Ob ich damit nun richtig liege oder nicht, auf dieser Grundlage lässt sich keine Kritik entwickeln: Es gilt, die sozialen Mechanismen zu verstehen, die diesen Typus des Politikers hervorbringen. Die Sprache der Kritik kann sich in einem normativen Rahmen entfalten, ohne dass dieser deshalb bereits „normalisierend" wirken muss. Mir scheint, dass die kritische Theorie diese Beziehung zur Natur – dem Organischen, dem Biologischen, dem Physiologischen – analysieren muss, doch diese Analyse kann nicht ausgehend von den bereits bestehenden Modellen entwickelt werden.

Wie lässt sich die Auseinandersetzung mit dem Verhältnis des Menschen zur Natur, mit der Stellung des Menschen in der Natur bei Marx und in ihrem eigenen Denken mit den grundlegenden biologischen Grundsätzen verbinden, die in der Wissenschaftscommunity heute weitgehend Konsens sind? Man könnte an die Annahme denken, der zufolge die Arten untereinander um die in ihrem Milieu vorhandenen, knappen Ressourcen konkurrieren, oder dass die Individuen einer Gattung miteinander in Konkurrenz stehen, um sich zu reproduzieren. Es gibt auch Formen der Kooperation zwischen den Arten, aber sie sind ziemlich selten. Kurz gesagt, in welchem Verhältnis steht dieses marxistische Denken zu den großen Grundsätzen der natürlichen Auslese?

Natürlich gibt es noch andere Arten und Weisen, Marx' Beziehung zur Natur, zu den Tieren, zur Biologie zu verstehen, als ausgehend von den *Ökonomisch-philosophischen Manuskripten von 1844*. Meine Absicht heute war bescheiden: Ich wollte versuchen zu zeigen, dass wir in diesen Manuskripten Hinweise auf eine andere Beziehung zur Natur finden können als die, die Marx gemeinhin zugeschrieben wird. Aber das Verhältnis zwischen Marx und Darwin ist sehr spannend, viele Leute haben zu diesem Thema gearbeitet.[7] Man kann den Begriff der Wechselbeziehung auch anders denken, um herauszufinden, wie er im Bezug zur Evolutionsbiologie funktioniert. Aus Gründen, die ich bereits erwähnt habe, bin ich sehr skeptisch gegenüber der Soziobiologie als Methode. Sie impliziert – teils explizit, teils implizit –, soziale Prozesse auf der Grundlage eines biologischen Determinismus oder zumindest einer biologischen Rationalität zu denken. Das allerdings halte ich für reduktionistisch und sogar gefährlich, wenn man bedenkt, dass diese Argumente vor allem gewisse Formen von Rassismus gerechtfertigt und legitimiert haben. Zum Verhältnis von Marx' Philosophie zu den Wissenschaften wurde sehr viel gearbeitet, das sind sehr wichtige Ansätze. Meiner heute Abend war ein anderer.

Nun eine sehr konkrete Frage. Wenn man an den Körper denkt, liegt es nahe, zuerst an die Haut zu denken. Die Haut ist für den Körper, was die Membran für die Zelle ist: Was im Innern der Membran liegt, ist die

Zelle, was außerhalb von ihr liegt, ist nicht die Zelle. Genauso beim Menschen, die Haut begrenzt den Menschen. Wo ist nun aber die Haut, wenn die Natur zum unorganischen Körper der Menschen wird?

Die Haut ist zweifellos ein sehr interessantes Thema, und zwar aus verschiedenen Gründen. Zunächst einmal bedeckt und umhüllt die Haut uns nicht vollständig: Es gibt all diese Öffnungen! Außerdem kann die Haut im Innern liegen, sodass es unmöglich wird zu sagen, ob es sich noch um Haut oder schon um etwas anderes handelt. Schließlich ist die Haut den anderen ausgesetzt, sie ist der Umwelt ausgesetzt, sie steht immer in Beziehung zu einer Sphäre der Alterität. Und das definiert und bestimmt uns auf verschiedene Weise. Ich muss sagen, ich bin mir nicht sicher, ob die Haut bei Marx ein aktiver Begriff ist. Aber es ist Marx, der uns hier interessiert, und nicht meine eigenen theoretischen Überlegungen: Ich habe sie nur kurz am Ende meines Vortrags angedeutet, um ein paar Wege und Ideen zu skizzieren. Wenn man bedenkt, dass der Körper Licht, Wärme, sozialer Gewalt ausgesetzt ist, dann bedeutet das, dass die Haut eine soziale Vermittlung zwischen dem Körper und seiner Umwelt darstellt, zwischen dem Körper und der sozialen und politischen Organisation der Körper im Allgemeinen. Wer muss ohne Schutz in der Sonne arbeiten? Wer muss in einem zu warmen oder zu kalten Umfeld arbeiten, oder zu lange am Stück? Wie wird die Haut von diesen Bedingungen gezeichnet? Vielleicht ist es nicht so sehr die Haut als solche die Marx hier interessiert, sondern vielmehr die für die Reproduktion der Haut – des Körpers und des organischen Körpers insgesamt – erforderlichen Mittel. Wie lässt sich diese Form von Arbeit denken, die es erlaubt, die Haut oder den Körper selbst wiederherzustellen? Ich denke, Marx tendiert hier zu der Auffassung, dass der Körper nicht vollkommen abgeschlossen ist: Wenn der Körper an die Natur gebunden ist oder wenn die unorganische Natur potenziell oder effektiv sein Körper ist, dann ist eine Interdependenz, eine wechselseitige Angewiesenheit oder eine Interaktion im Spiel, die die vollständige Abgeschlossenheit des Körpers infrage stellt. Und in meinen Augen stellt auch die Haut selbst diese Abgeschlossenheit des Körpers infrage. Wir denken die Haut als Behälter, aber sie ist mindestens genauso sehr eine Öffnung oder eine Schwelle zu dem, was sich außen oder außerhalb befindet. Und sie ist nicht einmal ein besonders guter Behälter: Ständig bricht sie aus, es gibt Eruptionen, Dinge kommen hinein, Dinge kommen heraus. In jedem Fall ist es sehr interessant, zur Haut zu arbeiten, und sie wäre es wert, mehr und näher betrachtet zu werden. Die Haut ist zwar keine adäquate Metapher für das Leben des Körpers insgesamt und auch nicht für seine Interdependenz mit der Natur oder für die Arbeit, die er verrichtet; aber sie kann auch nicht einfach beiseitegeschoben werden. Sie ist eine wichtige soziale Kategorie.

Sie haben die Zeilen hervorgehoben, in denen Marx schreibt, dass die entfremdete Arbeit den Menschen des unorganischen Körpers der Natur beraubt, und Sie haben gezeigt, dass der Mensch konstituiert wird, indem er sich vom unorganischen Körper der Natur trennt. Impliziert diese Trennung für Sie notwendigerweise eine Beziehung der Beherrschung und der Herrschaft gegenüber der Natur?

All jene, die behauptet haben, dass beim frühen Marx der Mensch ein Begehren hat, die Natur zu beherrschen, dachten dabei vor allem an die Verwandlung des natürlichen Gegenstands in ein Produkt der Arbeit, das verkauft werden kann oder das die Arbeit widerspiegelt (in der nichtentfremdeten Arbeit). Aber ich würde gerne darauf hindeuten, dass es hier nicht nur um Beherrschung oder Herrschaft geht. Denn die unaufhörliche Wechselbeziehung der menschlichen Arbeit mit der Natur, die für das Überleben und den Erhalt des Lebewesens nötig ist, bringt eine gewisse Form der Unterwerfung mit sich, ein Akzeptieren der Tatsache, dass das Leben eines Individuums nicht von seinen eigenen Taten abhängt. Die Handlungen eines Individuums werden im Gegenteil von lebendigen Prozessen ermöglicht, durch die es sich seiner Zugehörigkeit zu einer größeren Welt bewusst wird, seiner Bedeutungslosigkeit, seiner Angewiesenheit, seiner Abhängigkeit, seiner Ähnlichkeit zu anderen Gattungen.

Die Vorstellung eines menschlichen Wesens, das die Natur und die Tiere beherrscht und über ihnen steht, macht also einer anderen Auffassung Platz: der eines Menschen, der auf die Position eines Tieres unter anderen reduziert ist, eines lebendigen Prozesses unter anderen lebendigen Prozessen. Und ich glaube, dazwischen besteht kein radikaler Widerspruch, ich bin lediglich der Meinung, dass man die Idee der Beherrschung stark übertrieben hat, den Gedanken, dass Arbeit für Marx bis in ihr Wesen und selbst im nicht entfremdeten Zustand ein Akt der Herrschaft über die Natur sei. Ich denke, man hat diesen Gedanken der Beherrschung zu stark betont, dabei scheint mir, dass sich das Verhältnis zwischen den Menschen und der Natur in einem größeren und relationaleren Sinn verstehen lässt, sodass der menschliche Stolz geschmälert oder verringert wird und vielleicht sogar eine Art Bescheidenheit oder gar Demut Einzug hält, bei der zu verweilen sich zweifellos lohnen würde. Ich denke nicht, dass Marx in diesen Fragen vollkommen kohärent ist, aber ich bin der Meinung, dass diese Bedeutung sehr wohl präsent ist und eine Art Gegentendenz darstellt gegenüber einer eher anthropozentrischen Konzeption der Arbeit, die auf die Beherrschung der Natur ausgerichtet ist.

Die nicht anthropozentrische Auslegung der Manuskripte, *die Sie zur Diskussion stellen, erlaubt es, der Natur in Marx' Diskurs einen größeren Stellenwert einzuräumen. Dabei könnte man an die Theorie Bruno Latours denken, den Sie in Ihrem Vortrag flüchtig erwähnt haben. Er vertritt die These, dass wir in einer Epoche leben, einer geologischen Zeit, die er Anthropozän nennt: In ihr ist der Mensch zu einer Naturgewalt geworden, sodass unsere Umwelt in materieller Hinsicht vom Menschen bestimmt ist. Und als Lösung für dieses*

Problem - denn es ist ein Problem - schlägt er vor, man solle den natürlichen Entitäten, den Dingen der Natur das Wort erteilen und sie an den Verhandlungstisch bringen. So gelte es zum Beispiel, den Ozean, die Atmosphäre, oder andere Naturwesen an den „Verhandlungstisch" einzuladen.[8] *Erscheint Ihnen eine solche Konzeption fruchtbar für die ökologischen Kämpfe?*

Meine Lektüre von Marx stützt sich ohne jeden Zweifel auf einige der von Bruno Latour hinsichtlich des Anthropozentrismus formulierten Kritikpunkte. Er ermöglicht es uns, die Objekte oder Gegenstände, aber auch die Natur als ganze, auf animistische Weise zu denken, sodass sie über eine Macht, über ein Sprechen verfügen, die somit keine dem menschlichen Subjekt eigentümlichen Fähigkeiten mehr sind. Nun ist es aber natürlich so, dass, wenn man der Atmosphäre oder den Meeren das Wort erteilt, es de facto immer noch der Mensch ist, der seine Stimme dem Ozean, der Atmosphäre leiht - es ist also nur eine neue Form der Ausübung menschlicher Macht, die sich in die Fiktion gleicher und ebenbürtiger Partner hüllt. Was wäre also die Bedeutung eines solchen „Verhandlungstisches"? Ich bin nicht sicher, ob es um einen Verhandlungstisch geht, ich glaube es geht vor allem um eine andere Form des Zusammenlebens, der Kohabitation, der Interdependenz und der wechselseitigen Angewiesenheit, über die wir nachdenken müssen. Und ich glaube, dass es sehr schwierig ist, das zu erreichen, wegen unserer zutiefst instrumentalistischen Logiken, und weil der Anthropozentrismus nicht nur eine Ideologie ist:

Er ist auch der unbewusste Referenzrahmen der systematischen Zerstörung und Gefährdung der Umwelt, wie wir sie unter anderem bei Erderwärmung und Klimawandel am Werk sehen. Ich teile mit Bruno Latour also einige seiner Ziele. Aber zugleich beunruhigt mich seine Aufforderung, die Kritik aufzugeben und auf sie zu verzichten, mit der Begründung, sie sei anthropozentrisch und negativ, sie sei rein destruktiv und würde weder den Objekten noch den materiellen Realitäten einen Platz einräumen.[9] Das ist eine Karikatur der Kritik: Liest man Marx, Hegel oder auch Feuerbach zum Materialismus, so hat man es mit sehr unterschiedlichen Praktiken der Kritik zu tun. Latour neigt dazu, seine Analyse auf eine bestimmte Konzeption von Kant zu gründen, auf den relativen Subjektivismus, den er bei Kant auszumachen glaubt und der sich anschließend in der kritischen Theorie in all ihren Formen fortgesetzt habe. Doch ich bin der Meinung, dass eine Rückkehr zu den Traditionen des deutschen Idealismus und Materialismus uns vielleicht eine andere Vorstellung von Kritik bieten könnte: Die Kritik bestünde nicht mehr darin, die Objekte als Gegenstände zu zerstören, sondern, wie Walter Benjamin sagt, in einer radikalen Form der Interaktion mit Dingen, auf die man nicht verzichten kann, auf die man angewiesen ist. Diese Art der Interaktion mit den Dingen ist unerlässlich, unverzichtbar, und Gayatri Spivaks Überlegungen zu diesem Punkt sind äußerst wertvoll.[10] Dennoch nehme ich die Argumente zum Anthropozän sehr ernst, und ich glaube, dass wir alle, in der Soziologie, in den Literaturwissenschaften oder in den postkolonialen Studien uns an die Arbeit machen müssen, egal was unser jeweiliger theoretischer Bezugsrahmen sein mag, um diese Fragen frontal anzugehen. Und das schließt auch ein, sich mit der Naturwissenschaft ernsthafter auseinanderzusetzen, als es viele in den Sozial- und Geisteswissenschaften und der politischen Theorie in der Vergangenheit getan haben.

Sie haben in Ihrem Vortrag die Begriffe „Persistenz" und „Begehren zu leben" miteinander in Verbindung gebracht. Sind diese beiden Begriffe gleichzusetzen? Und impliziert das Anliegen, an diesen Begriffen festzuhalten, andere Handlungsstrategien?

Ich denke, dass die beiden Begriffe unterschiedlich sind. „Persistenz" umfasst, im Französischen wie im Englischen, zwei Bedeutungen. Erstens in dem Sinne, dass ich sagen kann „ich fahre fort" „ich mache weiter", „ich höre nicht auf". Aber die Persistenz kann auch auf eine Form von Intensität in der „Fortführung" verweisen: „Allen Hindernissen zum Trotz beharre ich darauf", „ich mache selbst noch unter Bedingungen beharrlich weiter, die meine Persistenz gefährden." Wenn ich von Persistenz spreche, dann in diesem letzteren Sinne, ich möchte das Wort nicht einfach nur als eine Art biologische Eigenschaft verstanden wissen, die alle Lebewesen miteinander gemeinsam haben. Wie wir von der Psychoanalyse und anderen Theorien der menschlichen Psyche lernen, wird unsere Persistenz manchmal durch einen Selbstzerstörungstrieb gefährdet. Die Persistenz ist also komplex, man kann sie nicht als Selbstverständlichkeit betrachten. Man kann weitermachen, ohne ein Begehren zu leben zu verspüren, und andererseits kann man das Begehren zu leben haben, während man aber seine Möglichkeiten weiterzumachen schwinden sieht. Das Begehren zu leben impliziert zwangsläufig das Begehren zur Persistenz, aber die Tatsache des Fortbestehens impliziert nicht notwendigerweise das Begehren zu leben. Da gibt es vermutlich eine Asymmetrie. Jedenfalls wäre das mein erster Gedanke dazu.

Was mir in diesem Zusammenhang Sorgen bereitet, ist die Tatsache, dass Leute in Jobs und Beschäftigungen und Formen von Arbeit verharren können, die pausenlos ihre Möglichkeiten, ihren Unterhalt zu sichern und ihre Bedürfnisse sowie die all jener, die auf sie angewiesen sind, zu befriedigen, unterlaufen. Doch was wird unter diesen Bedingungen aus dem Begehren zu leben? Ich meine, man kann aus diesen Bedingungen nicht auf die Anwesenheit oder Abwesenheit des Begehrens zu leben schließen. Paradoxerweise verspüren wir manchmal selbst oder gerade dann ein Begehren zu leben, wenn unsere Lebensbedingungen in Gefahr sind. Und andererseits kann die Tatsache, dass unsere Lebensbedingungen gefährdet sind, unser Begehren zu leben bedrohen. Ich denke, man sollte die materiellen und psychologischen Nuancen dieses Problems sehr aufmerksam untersuchen. Ich bin nicht in der Lage, das hier zu tun, aber ich habe diese Tür einen Spalt weit geöffnet in der Hoffnung, jemand unter uns möge sie aufstoßen und diese Arbeit weiterführen.

Der Unterschied zwischen dem Begriff der Persistenz und dem des Begehrens zu leben könnte auch an ihrem mehr oder weniger bewussten Charakter liegen. Die Persistenz würde dann ein bewusstes Denken implizieren, einen Entschluss, trotz der materiellen Bedingungen Herr über das eigene Leben zu sein. Das Begehren zu leben hingegen wäre irrational, eine Art unbewusstes Begehren, am Leben zu bleiben, unabhängig von den materiellen Bedingungen. Wären Sie mit dieser Unterscheidung einverstanden?

Wenn man Spinoza wiederliest und an den *conatus* denkt, dann wird dieser sehr oft definiert als das Begehren, im eigenen Sein zu verharren [*persister*]. Man könnte sich fragen, ob für Spinoza dieser *conatus* bewusst oder unbewusst ist. Ich glaube nicht, dass sich die Antwort leicht finden lässt [lacht]. Wenn jedes Ding oder Wesen danach strebt, „in seinem Sein zu verharren", dann ist die Persistenz oder das Verharren Teil dieses Dinges oder Wesens, ohne deshalb notwendigerweise zum Gegenstand einer Reflexion zu werden. Aber diese Persistenz oder dieses Verharren wäre in der Kontinuität dieses Wesens selbst verortet. Ich habe keine Antwort auf die Frage, ob die Persistenz bei Spinoza bewusst oder unbewusst ist; aber es ist eine sehr gute Frage. Ich denke, dass diese Persistenz, diese Beharrlichkeit zum Beispiel in der protestantischen Arbeitsethik angesprochen wird, in Form der Aufforderung „Du musst durchhalten“, „du musst weitermachen“. In dem Fall wird die Persistenz äußerst bewusst, normativ, und moralisch. Mir scheint, dass auch das Begehren zu leben bewusst und unbewusst sein kann. Kann es beides zugleich sein? Man kann der Ansicht sein, nicht mehr leben zu wollen, und dann im letzten Moment merken, dass man von einem Begehren zu leben beherrscht wird, dem man sich nicht bewusst war: Das ist eine mögliche Situation. Also, *es kommt darauf an!*

In Psyche der Macht *schreiben Sie, dass das Begehren zu leben implizit auch ein Begehren danach sei, die Norm zu akzeptieren.*[11] *Weil ich im sozialen Raum leben will, will ich also in einem gewissen Sinne auch die Normen akzeptieren, die ihn regieren - jene Normen eingeschlossen, die ich in Wahrheit explizit ablehne. Da gibt es also ein Paradox, das die Möglichkeit von Widerstand eröffnet. Kann das Begehren zu leben, der Lebenswille, der der Wunsch ist, den Normen entsprechend zu leben, gleichzeitig eine Quelle des Widerstands gegen die Norm sein?*

Ich sage am Ende meines Vortrags zwei Worte zum Begehren zu leben, und nun soll ich eine ganze Abhandlung dazu liefern! [lacht]. Mal sehen, ob ich damit fertig werde. Noch ein Moment der *Bearbeitung** [lacht]. In *Psyche der Macht* spreche ich von einer Situation, in der man auf bestimmte Arten von Kategorien angewiesen ist, um sozial anerkannt zu werden; gleichzeitig können diese Kategorien uns in Gefahr bringen, uns einschränken oder das Verständnis dessen, was wir sind, verfälschen. Und was passiert, wenn mein Begehren, in der sozialen Welt zu leben, erfordert, dass ich bestimmte Kategorien der Identifikation oder der Benennung akzeptiere, die in Wirklichkeit mein Begehren zu leben schwächer werden lassen und mindern, mein Leben erschweren oder gar verunmöglichen? Das ist gewissermaßen ein Paradox. Aber vielleicht gibt es eine Fortsetzung dieser Geschichte – eine Fortsetzung, in der ich versuchen würde, die ökonomische und soziale Welt so zu verändern, dass sie bewohnbarer wird, für mich und für jene, die so sind wie ich. Sie können das im Hinblick auf Schwulen-, Lesben- und Trans-Bewegungen betrachten, die versuchen, den Diskurs zu erweitern, eine Sprache, eine soziale Struktur und eine Reihe von Institutionen zu schaffen, die das Leben lebbarer machen. Das Begehren, *besser* zu leben, oder in einer lebenswerteren Welt, kann uns also dazu bringen, die Gesellschaft so zu verändern, dass die Bedingungen der Lebbarkeit verbessert werden, nicht nur für mich, sondern für all jene, mit denen ich verbunden bin und die unter sozialen Situationen leiden, die meiner ähneln.

Zum Schluss - könnten Sie uns ein bisschen mehr über Ihren Bezug zu Marx sagen? Wann haben Sie ihn zum ersten Mal gelesen, und was haben Sie aus dieser Lektüre ziehen können?

Ich habe Marx zum ersten Mal ernsthaft gelesen, als ich an der Universität war, weil ich mehrere Kurse in Anthropologie besucht habe, und weil ich Forschungsassistentin für einen Professor der ökonomischen Anthropologie war. Ich musste Marx also sehr genau lesen, um die Arbeit zu verrichten, für die ich bezahlt wurde. Aus diesem Grund bin ich mit 18, 19 bis spät in die Nacht wachgeblieben, um Bücher über die vorkapitalistischen Wirtschaftsformen zu lesen. Und das war wunderbar! Besonders spannend fand ich das, weil ich auch Seminare über Ökonomie und Gesellschaft besuchte, und weil ich versuchte zu verstehen, wie die Ökonomie zu einer autonomen Kategorie geworden war, wo sie doch eigentlich, zumindest im neuzeitlichen Europa, als in die Gesellschaft eingebettet galt. Aber ich habe Marx indirekt eigentlich schon in der Schule gelesen, weil ich radikale Texte des *Black Liberation Movement* las, vor allem von Eldridge Cleaver[12], und auch viele andere Bücher, die auf einem marxistischen Verständnis von Revolution gründeten. Ein wirklich wichtiger Autor ist Marx für mich geworden, als ich anfing, die deutsche Philosophie des 19. und 20. Jahrhunderts zu studieren: Er tauchte nicht nur in den Einführungsvorlesungen auf, ich habe auch Seminare über Marx besucht. Und ich glaube, dass ich an der Universität, nicht zuletzt bei öffentlichen Auftritten, als Marxistin gedacht und argumentiert habe. Ich war beeinflusst von der Jugoslawischen Schule – der Praxis-Gruppe[13] –, und ich war der Meinung, dass der humanistische Marxismus sich durchsetzen und erfolgreich sein würde. Später habe ich natürlich neue Weisen entwickelt, diese Literatur zu verstehen, als ich mich mehr mit anderen Themen beschäftigte. Es stimmt wohl, dass ich nicht viel über Marx geschrieben habe – aber ich habe es immerhin ab und zu getan. Ich glaube, ich lese Marx vor allem dann wieder, wenn ich mich mit Nancy Fraser streite ... [lacht]. Aber das sind produktive Debatten![14] Und natürlich lebe ich mit einer Marxistin zusammen [Wendy Brown], zwischen uns besteht also eine Art Arbeitsteilung [lacht].

„Die Philosophie hat sich verweltlicht": Rücksichtslose Kritik nach Marx[1]

Marx' früher Text „Für eine rücksichtslose Kritik alles Bestehenden", der 1844 in den *Deutsch-Französischen Jahrbüchern* erschien, war 1843 zuerst als Brief an den Junghegelianer Arnold Ruge verfasst worden. Es ist einer von mehreren Briefen an Ruge aus dieser Zeit, in denen Marx von der Notwendigkeit spricht, die philosophische Autorität umzustürzen. In seiner englischen Übersetzung wird dieser Text oft als überschwängliche und ironische Vorform der Schriften betrachtet, die als *Ökonomisch-Philosophische Manuskripte aus dem Jahre 1844* bekannt wurden.[2] Der Titel des Textes ist Marx' Brief entnommen, in dem dieser erklärt, dass wir „die rücksichtslose Kritik alles Bestehenden [zu vollbringen haben]" – die rücksichtslose Kritik nicht etwa an „allem, was existiert", sondern vielmehr an der bestehenden, das heißt herrschenden Ordnung, und an dem, was im Laufe der Geschichte als herrschende Ordnung institutionalisiert wurde.

Die Philosophie taucht gleich zu Beginn des Briefes auf, wenn Marx Ruge dafür beglückwünscht, seine „Gedanken zu einem neuen Unternehmen vorwärts [zu] wenden", und das in Paris, „der alten Hochschule der Philosophie, *absit omen*![3] und der neuen Hauptstadt der neuen Welt".[4] Marx zeigt sich darüber erfreut, wenige Wochen später selbst nach Paris zu reisen, und stellt fest, dass er in Deutschland, wo Repression, eine „wahre Anarchie des Geistes", unkritischer Gehorsam und ein „Regiment der Dummheit" herrschen, „keinen Spielraum für eine freie Tätigkeit" sieht. Es bleibt zwar unklar, ob in Paris weniger Dummheit waltet, aber die Stadt könne, so Marx, zum „neue[n] Sammelpunkt für die wirklich denkenden und unabhängigen Köpfe" (99) werden. Marx ist überzeugt, dass der Plan, den er gemeinsam mit Ruge zu entwerfen beginnt, weder in einer bornierten Dummheit noch in einer naiven kommunistischen Utopie besteht. Mit dem „Unternehmen" müsse „ernst gemacht" werden, entspreche ihr Plan doch „einem wirklichen Bedürfnisse" (99–100). Die alte Hochschule der Philosophie soll nicht mehr als Modell dienen, und Paris, die neue Hauptstadt der Welt, verspricht, ein „neuer Sammelpunkt" zu werden. Doch zu welchem Zweck sich versammeln? Marx scheint auf diesen wenigen Seiten eine Ablehnung von Anarchie[5] zum Ausdruck zu bringen, wenn er moniert, dass „[unter den Reformern] eine allgemeine Anarchie [...] ausgebrochen ist" und diese nicht in der Lage seien, klar zu sagen, in welche Richtung sie die Welt bewegen wollen, während er der Meinung ist, die Richtung müsse sehr wohl verdeutlicht werden. Die Reformer sind ziel- und planlos, und doch lässt sich eine wichtige Lehre aus ihrem Gefühl der Orientierungslosigkeit in Bezug auf die Zukunft ziehen. Marx verwendet die erste Person Plural und betont, dass „wir nicht dogmatisch die Welt antizipieren“ wollen (100). Es scheint also, als gäbe es zwei gleichermaßen abzulehnende Kontrahenten: die orientierungslosen Reformer, die „keine exakte Anschauung von dem [haben], was werden soll“ (100), und die Dogmatiker, die verkünden, wie die Zukunft aussehen werde. Das „Wir“ des Plurals wird gleichsam zum grammatikalischen Versammlungspunkt für all jene, die „erst aus der Kritik der alten Welt die neue finden wollen“ (100). Wenn die alte Hochschule der Philosophie die zukünftige Form des Denkens nicht vorwegnehmen soll, bedeutet das, dass die neue Art zu denken außerinstitutionell sein wird? Muss die Philosophie die Hallen der Universität verlassen, um ihre kritische Funktion zu erfüllen? Welche Form würde sie dann annehmen?

Die Heraufkunft einer neuen Philosophie außerhalb der Rahmenbedingungen der alten Hochschule scheint mit der Heraufkunft einer neuen Welt einherzugehen. Welche neue Welt auch immer kommen mag, weder wird sie vorhergesagt noch vorweggenommen, sondern „gefunden“ oder entdeckt werden. Diese Entdeckung wird durch das ermöglicht, was Marx „Kritik“ nennt. Doch bevor irgendeine Definition oder Formulierung dieses künftigen kritischen Denkens oder dieser kritischen Philosophie im Text auftaucht, begegnen wir ihr in einer anderen Form – nämlich der „Kritik“ als einem flammenden Angriff auf die alte Hochschule der Philosophie: „Bisher hatten die Philosophen die Auflösung aller Rätsel in ihrem Pulte liegen, und die dumme exoterische Welt hatte nur das Maul aufzusperren, damit ihr die gebratenen Tauben der absoluten Wissenschaft in den Mund flogen" (100). In einem seiner schillerndsten Sätze fordert Marx uns auf, uns vorzustellen, dass die Weisheit nicht in den Köpfen der Philosophen schlummert, sondern in dem Pult, das ihnen Autorität verleiht, und dass ihr gedankenloses Publikum jede Portion „absoluter Wissenschaft" unzerkaut verschluckt.

Die zukunftsorientierte Dimension von Kritik wird gegen Ende wieder zur Sprache kommen, doch zunächst bekommen wir raue, sarkastische Prosa. Wenn wir ein Argument oder einen Plan erwarteten, der Marx von den orientierungslosen Reformern unterscheiden würde, eine Grundlage, über die wir uns dann auseinandersetzen und streiten könnten, dann haben wir uns getäuscht: Er verspricht uns kein Allheilmittel, und er tadelt die Dogmatiker, die genau das tun. Stattdessen kommentiert er ein dahinscheidendes Denkregime. Durch eine betont unhöfliche Folge von Ausdrücken, die sich auf eine Reihe rhetorischer Übertragungen stützen, bricht er mit Reformern und Dogmatikern gleichermaßen: Die Weisheit scheint räumlich gesehen nicht im Geist oder im Kopf zu liegen, sondern in der herrschenden Autorität des Rednerpultes, dem Gegenstand, der auf die Autorität verweist; philosophische Wahrheiten fliegen wie gebratene Vögel in die Münder einer als dumm und uneingeweiht bezeichneten Öffentlichkeit. Weiter oben war die Rede von Deutschlands „Regiment der Dummheit". Wenn dieser beißende Spott das Zeichen eines „wirklich denkenden und unabhängigen Kopfes" ist, dann werden Metapher, Ironie und Angriffslust bei der Kritik der alten Hochschule der Philosophie offenbar ihre Rolle zu spielen haben. Doch kann Spott die Funktion einer Kritik erfüllen, die eine neue Welt finden oder entdecken möchte? Tatsächlich wird diese Form der Kritik durch die scharfzüngige Rhetorik sowohl in Szene als auch in Gang gesetzt, wobei sie nicht nur die traditionelle Philosophie, ihre Verfahrensweisen und ihr vernünftiges Auftreten verspottet, sondern auch von ihren argumentativen Normen abweicht und so die historische Autorität der etablierten Disziplin mit einem Schwall bissiger Metaphern aufs Korn nimmt. Marx bricht also mit den Gepflogenheiten des philosophischen Protokolls und mit der alten Hochschule, um eine neue Form des kritischen Denkens einzuläuten, welches das Potential hat, „die neue Welt zu finden". Aber ist es das, was hier im Gange ist? Diese neue Welt ist noch nicht abzusehen, und gewiss noch nicht institutionalisiert. Niemand kennt ihre zukünftige Form. Diesem unhöflichen Bruch mit dem philosophischen Protokoll haftet denn auch etwas sowohl Zukunftsorientiertes als auch Ungewisses an. Werden wir also gleichsam der Schule verwiesen oder weigern wir uns, weiter hinzugehen – oder geht hier noch etwas ganz anderes vor sich? Was unterscheidet Marx von den naiven, in unordentlicher Anarchie versinkenden Reformern, deren planloses Vorgehen er ablehnt? Ist es möglich, dass der Entdeckung etwas Unvorhersehbares eignet, ohne deswegen orientierungslos zu sein?

Gewiss liegt etwas Sonderbares oder gar Idealistisches in dem Glauben, dass die bloße Tatsache, die alte Welt der Philosophie hinter sich zu lassen, den Weg für eine neue Art des Denkens und sogar für eine neue Welt ebnet.[6] War die institutionalisierte Philosophie wirklich der mächtigste Faktor, der die Heraufkunft einer neuen Welt verhindert hat? Unmittelbar nach seiner harschen Kritik ändert Marx den Ton und fährt auf gelassene und optimistische Weise fort. „Die Philosophie hat sich verweltlicht", beginnt er, und das ist weniger eine soziologische oder historische Beschreibung, denn eine Ankündigung, eine weltgeschichtliche Proklamation. Der kritische und unhöfliche Ausbruch scheint eine neue, weltliche Philosophie zu konstituieren oder herbeizuführen. Er fährt fort: „[D]er schlagendste Beweis dafür ist, dass das philosophische Bewusstsein selbst in die Qual des Kampfes nicht nur äußerlich, sondern auch innerlich hineingezogen ist." Indem er seine Aufgabe erneut von jener der Dogmatiker abgrenzt, die eine „Konstruktion der Zukunft" und das „Fertigwerden für alle Zeiten" propagierten, betont er die Frage nach dem „wirklichen Bedürfnisse", dem entsprochen werden müsse, und schließt mit der Bemerkung, dass das, was nun unternommen werden müsse, die „rücksichtslose Kritik alles Bestehenden" sei. Die doppelte Bedeutung der Kritik als zerstörerische Form des Entdeckens einer neuen Welt unterscheidet sich also vom Ansatz der Reformer, die die bestehende Welt zerschlagen, nur um sich eine unmögliche auszudenken. Außerdem halten sie sich aus jener Art von „Kampf“ oder „Konflikt“ heraus, ohne den diese Entdeckung unmöglich scheint. Die Kritik muss den Mut aufbringen, gegen die vorhandenen Mächte zu kämpfen, aber sie darf sich auch „nicht vor ihren Resultaten fürchte[n]“.

In diesem Sinne ist das Finden der neuen Welt mit den eigenen Schlussfolgerungen beziehungsweise Resultaten verbunden. Man muss das eigene Denken bis zu seinen letzten Konsequenzen treiben, aber viele haben davor Angst, oder die historischen Ressourcen stehen ihnen nicht zur Verfügung. Die neue Welt wird als Resultat einer furchtlos vollzogenen Kette von Gedanken vorgestellt (wie auch immer diese definiert sein mag), aber auch als Resultat eines Kampfes oder einer Auseinandersetzung. Die Philosophie der alten Schule ist ein Gegner, doch während die rücksichtslose Kritik fortschreitet, tauchen noch weitere auf – und Marx zufolge sind es irrende, fehlgeleitete Varianten des Sozialismus und des Kommunismus. Manche Gruppierungen lehnt er aufgrund ihrer „dogmatische[n] Abstraktion“ und ihrer fantastischen Vorstellungen von der zukünftigen Welt ab. Einige Formen des Kommunismus sind humanistisch und bleiben dem Privateigentum verpflichtet, und auch sie lehnt er ab. Aber selbst die Forderung, das Privateigentum abzuschaffen, erachtet Marx als unzureichend für den von ihm angestrebten Kommunismus. Dieser stützt sich auf sozialistische Lehren, die dabei helfen sollen, die „Realität des wahren menschlichen

Wesens“ zu entdecken und zu verwirklichen. Derartige Lehren, so könnte man meinen, tragen zur Aufrechterhaltung eines weltlich-philosophischen Streits über die Natur oder das Wesen des Menschen bei. Zwei zeitgenössische *Fakta** hindern uns jedoch daran, dieses wahre Wesen des Menschen zu verwirklichen: die Religion und die Politik. Als Schauplätze der Verhinderung bilden sie den „Anknüpfungspunkt“ der Erkundung, einer philosophischen Erkundung, die, wie sich herausstellt, nicht davon ausgeht, dass die bestehende Form der historischen Realität, in der wir leben, ihre endgültige Form ist.

Interessanterweise folgt auf den Abschnitt mit den scharfzüngigen Polemiken (die vor allem in der ersten Phase immer wieder in Marx Schriften auftauchen) ein Hinweis auf die Bedeutung der Vernunft. Den Mut aufzubringen, unseren Denkprozess zu einem Resultat zu führen, scheint für Marx eine der möglichen Definitionen von Vernunft zu sein. Marx schreibt zunächst, dass die Vernunft schon immer existiert hat, womit er impliziert, dass Vernunft und Menschheitsgeschichte koextensiv sind. Er fügt sogleich hinzu, dass die Vernunft dabei nicht immer eine „vernünftige Form“ angenommen hat, womit er andeutet, dass die Geschichte der Vernunft sich rekonstruieren ließe, indem man zwischen ihren vernünftigen und ihren unvernünftigen Formen unterscheidet. Weiter oben haben wir festgestellt, dass Marx durchaus geneigt schien, die Protokolle der Vernunft zu missachten, wenn er die philosophischen Protokolle anprangerte, die in seinen

Augen eine bloße Permutation des „Regiments der Dummheit" darstellten, das zu jener Zeit die deutsche Kultur beherrschte. War also der offenbar unvernünftige Zug von Marx' eigener scharfzüngiger Kritik einfach eine heuristische Strategie, oder wollte er uns vielleicht darauf hinweisen, dass unter bestimmten Bedingungen das, was vernünftig erscheint, es gar nicht ist, und das, was unvernünftig erscheint, sich als sehr vernünftig entpuppen kann? Für Marx gibt es nicht nur eine einzige Form der Vernunft: Jede historische Zeit hat ihre Wissens- oder Erkenntnisweisen, ein „theoretische[s] und praktische[s] Bewusstsein[]", das sich selbst als die höchste Form des Wissens verwirklichen möchte.

Marx sucht also einen Weg, um zu erklären, wie eine bestimmte Form des Bewusstseins einen Absolutheitsanspruch erhebt, während er gleichzeitig selbst eine „vernünftige" Form der Vernunft vorbringen möchte. Seine Methode besteht darin, zurückzuverfolgen und aufzudecken, wie ein historischer Wissensmodus für sich beansprucht, endgültig und umfassend zu sein, und dabei gleichzeitig die Betrachtung der materiellen Realität ausschließt, die ihn ermöglicht. Was, so fragt er, sind die „realen Voraussetzungen" dieses historischen Modus des Wissens? Politische Staaten, so Marx, legitimieren ihre eigene Realität mit der Behauptung, sie seien die Verwirklichung des Vernunftprinzips: Wenn und insofern von der Vernunft behauptet wird, sie sei im Staat verkörpert, wird jeder Angriff auf den Staat als Angriff auf die Vernunft selbst gewertet. Wenn es dem Staat jedoch nicht gelingt, das „Volk“ zu repräsentieren, das er zu repräsentieren vorgibt, verstrickt er sich aktiv in einen Widerspruch und verliert seinen Status als Verkörperung der Vernunft. Wenn er die Armen entrechtet, wenn er aktiv Klassenhierarchien reproduziert, dann entlarvt die Kritik am Staat als ungerechtem den Widerspruch, auf dem der Anspruch des Staates auf Vernunft beruht. Zu zeigen, dass der Staat, der sich als Inkarnation der Vernunft versteht, in einen Widerspruch verstrickt ist, darin besteht für Marx die Aufgabe einer säkularisierten Philosophie, das heißt einer „kritischen Philosophie“, die sich „verweltlicht“ hat.

Natürlich besteht die Aufgabe nicht bloß darin, Widersprüche aufzudecken. Man muss sich in die Funktionsweise des politischen Staates vertiefen, um herauszufinden, auf welche Weise Widersprüche hervorgebracht werden, und das schließt eine konkrete soziale, historische und politische Analyse der Staatsbildung und -legitimation ein. Für Marx ist diese Form der Kritik von Anfang an immanent. Sie entfaltet sich im Innern der politischen Systeme und Denkweisen, um aufzuzeigen, wie aus diesen Widersprüche hervorgehen, die zugleich die Bedingung ihrer sozialen Wahrheit sind. Doch die Kritik geht über das immanente Aufdecken von Widersprüchen hinaus, wenn sie ihre eigene operative Form der Vernunft offenlegt. Nur im und durch das Aufdecken von Widersprüchen tritt ein neues Denken hervor, ebenso wie ein neuer Sinn für die Welt, ein neues Weltverständnis. Die kritische Philosophie „findet“

die neue Welt, indem sie ihre Prinzipien aus der Kritik der alten Welt entwickelt. In gewisser Weise brauchen wir die alten philosophischen Schulen, und wir müssen eine Kritik der bestehenden staatlichen Strukturen vornehmen, wenn wir eine neue Zukunft herbeiführen wollen. Allein, was genau dafür zu tun ist, ist nicht ganz klar, und es ist auch kein idealistischer Kunstgriff, bei dem das Denken alleine die Welt hervorbringt. Es gibt bereits eine Welt, eine Reihe bestehender Voraussetzungen, und das Denken muss im Lichte dieser Voraussetzungen einer kritischen Betrachtung unterzogen werden.

Marx' Darstellung der Kritik auf diesen Seiten zeigt uns deutlich, wie eng die Beziehung ist zwischen dem, was im Verlauf des kritischen Denkens entwickelt, und dem, was dabei entdeckt wird. Er schreibt, dass wir nicht irgendeine Wahrheit entdecken, und sie den Leuten aufzwingen: „Hier ist die Wahrheit, hier kniee nieder!“ (103). Vielmehr werden wir dazu eingeladen, etwas gemeinsam zu durchdenken, es bis zum Ende zu durchdenken und uns gegenseitig den nötigen Mut zu spenden, um das zu denken, was noch nicht ganz gedacht worden ist. Natürlich bin ich mir nicht sicher, was es bedeutet, irgendetwas voll und ganz zu denken, aber wir wollen Marx an dieser Stelle folgen, um zu sehen, worauf er hinauswill. Er strapaziert die deutsche Grammatik: „Wir entwickeln der Welt aus den Prinzipien der Welt neue Prinzipien.“ (103). Die eigentliche Bedeutung scheint zu lauten: „Wir entwickeln die neuen Prinzipien der Welt aus den Prinzipien der bestehenden Welt.“ Oder eher noch, „Wir entwickeln die neuen Prinzipien für die neue Welt aus den bestehenden Prinzipien der bestehenden Welt.“ Die Wiederholung von Wörtern wie *Welt* und *Prinzipien* deutet darauf hin, dass jedes Wort sehr verschiedene Dinge bedeuten kann und muss, je nachdem, ob wir uns auf bestehende oder entstehende Formen beziehen. Durch eine neue Verwendung kann eine neue Bedeutung geschaffen werden. Den bestehenden Formen der Welt, die für sich beanspruchen, der endgültige Ausdruck der Vernunft zu sein, wird durch reale historische Voraussetzungen widersprochen. Sobald wir diesen Widerspruch begreifen, suchen wir ihn aufzulösen, indem wir ein neues Ideal, eine Reihe neuer Prinzipien herbeiführen; diese verwenden und verwirklichen eine „vernünftige“ Form der Vernunft, die nicht durch Selbstwidersprüche untergraben wird, und zeichnen damit eine Welt vor, die gemäß einer solchen vernünftigen Vernunft geordnet sein könnte. Wenn also ein Prozess vollzogen ist, wenn ein Gedanke bis zum Ende durchdacht ist, wird das Ende zu einem Anfang, und eine neue Welt scheint im Begriff zu entstehen, oder vielleicht geben sich die Anzeichen einer neuen Welt zu erkennen.

Sie werden sich erinnern, dass Marx seinen Text mit dem Gedanken beginnt, dass es einen vielversprechenden Sammlungspunkt gebe und dass das kritische Denken von diesem seinen Ausgang nehmen könne. Anschließend geht er ziemlich abrupt zu einer scharfzüngigen und entlarvenden Form der Kritik über, die darauf abzielt, die materiellen

Widersprüche aufzudecken, die den Formen der Selbst-Rechtfertigung und Selbst-Idealisierung des Staates zugrunde liegen. Anschließend greift er seinen hoffnungsvolleren Ton wieder auf und deutet die Heraufkunft einer neuen Welt an. Der entlarvende Modus der Kritik kann als unsanfter Weckruf verstanden werden. Immerhin sagt Marx uns gegen Ende des Textes, dass jene Art von Selbstverständigung, die er anstrebt, nur möglich ist, wenn die Welt „aus dem Traum über sich selbst [aufwacht]" (103). Wenn die Welt in ihrem Traum verbleibt, kann sie kein Bewusstsein von den realen Voraussetzungen erlangen, die durch ihre Ideale verleugnet werden. In diesen Traum-Idealen steckt ganz gewiss etwas Entscheidendes, und Marx unterstreicht die Rolle der von den Theoretikern der politischen Ökonomie erarbeiteten Ideale. Doch paradoxerweise kann die Welt diese Ideale nur verwirklichen, indem sie erwacht. Die im Entstehen begriffene Form ihrer Verwirklichung ist in der Vergangenheit zu finden, und wenn wir beginnen, einen Gedanken bis zum Ende zu durchdenken, dann übernehmen wir Gedanken, die nicht ursprünglich uns gehörten, die uns aus der Vergangenheit erreichen. So schreibt Marx, dass die kritische Bewusstwerdung sich durch die „Vollziehung der Gedanken der Vergangenheit" ereignet. Er war der Auffassung, er lebe in einer Zeit, die ihre Gedanken nicht voll und ganz zu Ende denkt, sodass sie unvollendet und widersprüchlich bleiben. Andere vor uns haben diese Gedanken zu denken begonnen, das heißt sie haben eine Historizität und gelangen bearbeitet und doch unvollendet in unsere Köpfe. So durchkämmt er, ähnlich einem gutem Philosophielehrer mit rotem Stift in der Hand, die Texte von Polit-Ökonomen (die Begründungen für das, was man Kapitalismus nennen wird), von Reformern und Anarchisten, Sozialisten und Kommunisten, die allesamt ihr Denken noch nicht wirklich vollendet haben. Er denkt mit ihnen, er folgt ihrem unvollständigen Denken, und er wendet sich gegen sie, indem er jene Stellen anmerkt, an denen sie einen Gedanken noch nicht zu Ende gedacht haben; und er sucht die Richtung zu weisen, um dies zu tun. Doch gleichzeitig warnt Marx davor, eine klare Grenze zwischen der Vergangenheit und der Gegenwart zu ziehen; die Gedanken der Vergangenheit leben in den Köpfen derer fort, die im Hier und Jetzt denken, doch sie sind nicht ihr Privateigentum. Alle vorherigen Denker haben aus ihrer eigenen historischen Zeit Prinzipien entwickelt, um die Welt zu verstehen, und diese Prinzipien schreiben sich in unserer Zeit und unserem Denken fort. Sie zu vollziehen und zu vollenden, sie weiterzudenken heißt, ihren widersprüchlichen Charakter aufzudecken, wodurch ein Bruch mit der Vergangenheit eintritt, der sie entstammen. Der Bruch wird durch jene Prinzipien erforderlich, welche die Vergangenheit organisiert haben, denn sobald die Prinzipien durchdacht werden, erweist sich die unvollständige und widersprüchliche Variante der Realität, die sie begünstigten, als unhaltbar. Das Denken erscheint als neuere Variante der Welt; es ruft diese Welt nicht ins Sein, sondern Denken und Welt verändern sich gleichzeitig. Die Prinzipien der Vergangenheit, die ein widersprüchliches Ideal artikulierten, führen zu einer neuen Reihe von Prinzipien, einer neuen Weise, die Welt zu organisieren, die danach strebt, die Vernunft widerspruchsfrei zu verwirklichen. Doch was wir das „Neue" nennen, ist lediglich die nunmehr bewusste Verwirklichung einer Arbeit, die in der Vergangenheit begonnen wurde. Das Neue ist das, was geschieht, wenn die Welt aus ihren Träumen über sich selbst erwacht.

Diese letzte Formulierung verortet Marx eindeutig in einer philosophischen Entwicklung, auch wenn seine Philosophie aus der Universität auszieht und sich „verweltlicht". Der Begriff „kritische Philosophie" taucht als Einschub in Klammern quasi beiläufig auf und wird zur alternativen Bezeichnung für die „Selbstverständigung der Zeit über ihre Kämpfe und Wünsche" (104). Beide Begriffe werden von historischen Strömungen getragen, die auch uns in sich aufnehmen, was uns in eine historische Situation einschließt, die wir gemeinsam und mit „vereinten Kräften" verstehen müssen. Nur im Verbund ist ein solches Denken möglich, und das heißt auch eine solche Welt.

Nun ist es gewiss überraschend, dass Marx in den beiden letzten Zeilen der „Rücksichtslosen Kritik" diese Selbstverständigung als nicht mehr und nicht weniger denn eine „*Beichte*" bezeichnet (104). Etwas weiter oben sagte er, Religion sei ein Hindernis für das kritische Denken, und doch können an diesem Punkt religiöse Begriffe im Dienste der Kritik verwendet werden. Was wir einst mit *Welt* oder *Prinzip* gemeint haben, nimmt nun eine neue Bedeutung an. Marx verwendet hier also eine Katachrese, indem er den religiösen Term in einem neuen Kontext und mit einer neuen Bedeutung gebraucht, was zeigt, dass das Wort nicht notwendigerweise an den alten Kontext, jene schwindende Welt, gebunden ist. Der katachrestische Gebrauch der *Beichte* lässt eine neue Bedeutung für ein innerhalb der katholischen Kirche gesättigtes Wort entstehen, was eine Form der sprachlichen Freiheit darstellt, die uns zeigt, wie wir einen früheren Gebrauch vollziehen und subvertieren können. In diesem Fall legt er Nahe, dass Irrungen und Wirrungen eine Funktion im historischen Denken erfüllen, dass es stets Dinge gibt, die wir nicht bemerkt oder übersehen haben, Fehler, die wir gemacht haben, Abwege auf die wir geraten sind. Niemand von uns kann für sich beanspruchen, die Gedanken einer anderen Zeit vollzogen und vollendet zu haben, wenn diese nun dennoch als unvollendete Gedanken in uns fortleben. Seine letzte Zeile präfiguriert ein mögliches Jüngstes Gericht, wenngleich es keinen Hinweis darauf gibt, wer das Urteil sprechen wird: „Um sich ihre Sünden vergeben zu lassen, braucht die Menschheit sie nur für das zu erklären, was sie sind" (104). Im Englischen Text ist *erklären** mit *„to declare"* übersetzt, doch das Wort wäre mit *„to explain"* vielleicht besser übersetzt. Es scheint daraus zu folgen, dass eine bewusste und absichtliche Erklärung oder Erörterung dessen, was man nicht wusste, die Möglichkeit der Vergebung eröffnet. Und so ist es nicht ohne eine gewisse Spannung, dass ein Text, der demonstrativ einen Plan entwirft, um alle bestehenden Institutionen umzustoßen, sich trotzdem gezwungen sieht, zu einer bewussten Ausarbeitung von Formen des Denkens aufzurufen, die uns seit jeher begleitet haben. Man lässt die Institutionen hinter sich, aber nicht die Historizität des Denkens. Der Übergang vom Unbewussten zum Bewussten entspricht dem Übergang von Sünde zu Vergebung, gemäß der von Marx an diesen Begriffen vorgenommenen Verschiebung. Demzufolge könnten wir eine Kritik der religiösen Institutionen vornehmen, doch das heißt keineswegs, dass wir dem Zugriff ihrer grundlegendsten Begriffe entkommen wären: ihren Ritualen der Reinigung und Erneuerung zum Beispiel oder des Irrens und der Vergebung. Gleichzeitig können wir diese Sprache, selbst wenn wir sie als Teil eines historischen Bewusstseins empfangen, durch verschiedenste katachrestische Verwendungen über- und umarbeiten und sie somit vom Eigen(tlich)en abweichen lassen, um das Neue zu entdecken oder zu befördern.

Heißt das, kritische Philosophie ist wie eine Beichte, die uns von den unwissentlichen Aspekten unseres historischen Lebens befreit, um zu einer bewussteren Weise zu gelangen, den begrifflichen Erfordernissen unserer historischen Zeit zu begegnen? Wird Widersprüchlichkeit so als eine Art Sünde verstanden? Und ist die Übereinstimmung des philosophischen Diskurses mit der bestehenden Welt der Weg zur Vergebung?

Oder gilt es zu begreifen, dass die Kritik der Religion ein neues kritisches Vokabular bereitstellt, eine Art Übernahme des unvollständigen, unvollzogenen Denkens und des konventionellen Sprachgebrauchs, sodass das Denken zu vollziehen heißt, das alte Vokabular einer Reihe von neuen Verwendungen zu unterwerfen?

Das abschließende Insistieren auf der religiösen Metapher ist also deshalb bemerkenswert, weil Marx es sonst nicht an scharfen Worten für die Religion mangeln lässt. Am Anfang der *Ökonomisch-philosophischen Manuskripte* hält er Feuerbach zugute, dass er verstanden habe, dass Kritik von etwas Positivem ausgehen muss und dass es ein Fehler wäre, Kritik mit unerbittlicher Negativität in Verbindung zu bringen.[7] Und doch lehnt Marx es ab, Religion als positive Tatsache oder bestehende Doktrin zu akzeptieren. Das war sicherlich der Fehler all derer, die Marx die „kritischen Theologen" seiner Zeit nannte, insbesondere Bruno Bauer, der die *Allgemeine Literatur-Zeitung* gegründet und herausgegeben hatte.[8] Marx argumentierte, dass derlei Theologen von Hegel ausgingen und unkritisch eine philosophische Position auf der Grundlage von dessen Theorie aufbauten. Wieder und wieder nimmt er in seinen frühen Schriften Bauer als „kritischen Kritiker" aufs Korn. Auf diese Weise wird Bauers Denken zu einem unvollständigen und unentwickelten Moment in der Geschichte der positiven Philosophie. Eine gehörige Portion Ironie eröffnet den Abschnitt „Kritik der Hegelschen Dialektik und Philosophie überhaupt"[9]:

Marx verspottet den Hochmut von Philosophen, die wie Bauer meinen, sich selbst von den „Massen“ oder gar dem „Haufen“ unterscheiden zu können – Bauer spreche seinen Hass auf die Gleichheit heilig, wenn er sich, so Marx, vor dem „kritischen Christus“ niederwirft; der „kritische Christus“ ist Marx’ Karikatur Hegels. Dann folgt eine ironische Bemerkung über das „kritische Jüngste Gericht“. Die Religion lässt Hegel also lächerlich aussehen, aber ist Marx selbst nicht auch an die Sprache gebunden, in der er seinen Vorgänger mit Spott überzieht? Letztlich ließe sich fragen, ob Religion wirklich ein bloßer Witz ist, wenn man bedenkt, dass Marx auf die religiöse Metapher der Beichte zurückgreift, um die Aufgabe der Kritik zu beschreiben.

Marx zollt Feuerbach einerseits Respekt dafür, die Theologen „umgeworfen“ zu haben, und andererseits lobt er ihn, auf Distanz zur Philosophie der Negation zu gehen. Aber lässt sich die Religion umstürzen, ohne dass man sie negiert? Widerspricht Marx sich selbst, oder zeigt er lediglich die notwendig zwiefältige Struktur der Kritik auf? Für Marx erscheint etwas in der Geschichte, etwas hat im Reich der Erscheinung eine Form angenommen, und diese irrige und unvollständige Form wird nun zum Ausgangspunkt für eine gegenwärtige Art des Denkens. Besteht die Aufgabe der Kritik nun darin, umzustürzen und zu entlarven? Ja, bis zu einem gewissen Grad. Besteht die Aufgabe darin, ein unvollständiges Verständnis der Realität einer kritischen Weiterentwicklung zu unterziehen, wobei das Ungedachte in einen potenziellen Gegenstand des Denkens umgewandelt und ein neues Vokabular aus einem älteren abgeleitet wird, um diese Aufgabe zu bewältigen? Ja, bis zu einem gewissen Grad. Es bleibt jedoch die Frage offen, in welchem Sinne die kritische Philosophie sich auf die Vergebung einlässt, wenn sie die irrigen oder unvollständigen Konstruktionen der Vergangenheit erklärt, wenn sie das nur teilweise Gedachte aufnimmt und tiefgreifender weiterdenkt. Die Religionskritik erweist sich als wesentlich für die kritische Philosophie, obwohl die gleichsam letzte Geste der kritischen Philosophie – einer Philosophie, die sich verweltlicht hat – darin besteht, eine vergebende Erklärung zu liefern und die im Ansatz vorhandene Öffnung zu einer Zukunft zu finden und zu verfolgen, die nur in der Vergangenheit und der Gegenwart gefunden werden kann.

Wendy Brown hat herausgearbeitet, dass die grundlegenden Begriffe von Marx' Reflexion sich auf die Macht religiöser Metaphern stützen, und das noch in dem Moment, da sie die Grundlosigkeit dieser Macht aufdecken wollen.[10] In „Zur Judenfrage" schreibt Marx, „die *politische* Emanzipation von der Religion ist nicht die durchgeführte, die widerspruchslose Emanzipation von der Religion".[11] Die Macht der Erklärung besteht darin aufzuzeigen, inwiefern die unvollständige und widersprüchliche Selbstverständigung früherer Zeiten zum Ausgangspunkt und Gegenstand kritischer Reflexion werden kann. Wenn diese Erklärung nun ein tieferes und weniger widersprüchliches politisches Leben zu versprechen scheint, so entsteht doch zugleich die Möglichkeit einer sonderbaren Erlösung, sofern auch die Religion einer kritischen Reflexion und Neuausrichtung unterzogen wird. Vielleicht hegt dieser frühe Text den Wunsch, die kritische Philosophie zu einer Form der Vergebung zu machen für all das, was wir nicht wussten und nicht wissen konnten. Er beginnt mit vernichtender Ironie und sarkastischen Spitzen, nur um mit Vergebung zu enden, ganz so als ob die Selbstzerfleischung die im historischen Leben schlummernden Prinzipien entfesseln könnte, die zu einer neuen Philosophie in und von der Welt führen werden. Die bissige Demontage führt zwar nicht geradewegs zur Vergebung, doch deren Keim verbirgt sich paradoxerweise in jener. Die soziale Aufgabe der Kritik wird als *rücksichtslos** bezeichnet – gedankenlos, unachtsam, nicht gewillt zurückzuschauen oder den Konsequenzen der eigenen Taten Rechnung zu tragen –, und gleichzeitig wird Kritik mit Vergebung verglichen. Scheinbar kann eine solche Aufgabe nicht alleine unternommen werden, sondern nur im Verbund mit anderen, und die von ihr vorgenommene Zerstörung hinterlässt ein Feld von Ruinen, in denen die unvollständigen und irrigen Gedanken einer anderen Zeit „gefunden", aufgegriffen, korrigiert, wiederholt, überarbeitet und in eine kreative Tätigkeit umgewandelt werden können, die eine Welt zu erschaffen vermag.

Doch am wichtigsten ist vielleicht, dass diese Art der Kritik nicht nur von menschlichen Agenten unternommen werden kann, sondern in gewisser Hinsicht auch von der Welt, denn diese prägt die kritische Praxis in ihrer eigenen Weise. Marx versucht seine Position in wenigen Worten zusammenzufassen: „Selbstverständigung (kritische Philosophie) der Zeit über ihre Kämpfe und Wünsche. Dies ist eine Arbeit für die Welt und für uns“ (104). Kritik ist keine ausschließlich menschliche Tätigkeit, denn nun handeln menschliche Wesen gemeinsam mit der Welt (und nicht im Widerspruch mit ihr). Kritik zieht ihre Kraft aus beiden Quellen; und Kritik benennt dieses Zusammenlaufen, diese Konvergenz, dieses konzertierte, gemeinsame Handeln. Somit weist die Kritik die Grenzen des Anthropozentrismus aus, die Grenzen dessen, was ein Mensch unabhängig von der Welt und ihrem Handeln wissen und tun kann. Der Verweis auf die Beichte, das neue Bündnis aus kritischer Praxis und der Sprache der Beichte, benennt diesen Moment eines weltlichen Einschlags für das Bewusstsein, diese bleibende und demütig stimmende Grenze, die sich nicht durch umfassendere Formen kritischen Denkens – verstanden als allein in geistigen Vermögen begründet – „überwinden“ lässt. Der beständige Irrtum, durch und mit dem die Kritik fortschreitet, folgt aus der historischen Situation des Bewusstseins, seinem Perspektivismus, seiner Geschichtlichkeit, seinem Unvollendet-Sein, und dem Zustand der ständigen Dislozierung und Begrenzung in und von einer Welt, ohne die es überhaupt keine „vernünftige“ kritische Praxis geben kann. Die unvollständigen und irrigen

Gedanken einer früheren Zeit, die in einem gegenwärtigen Bewusstsein ausgelebt werden, bieten gleichwohl das, was Marx Prinzipien nennen wird. Jene Prinzipien können nicht aus ihrer Geschichtlichkeit herausgelöst werden: Sie werden im Zuge der Kritik aufgezeigt, was einmal mehr unterstreicht, dass Kritik für Marx nie eine rein negative Angelegenheit ist. Man könnte Kritik denn auch wirklich als eine Art blutlose Zerstörung verstehen (die später von Benjamin in seiner *Kritik der Gewalt* bejaht wurde, der zufolge auch die göttliche Gewalt blutlos ist). Vielleicht genügt es jedoch für unsere Zwecke festzuhalten, dass ein vollzogener, ein vollendeter Gedanke zur Verwirklichung jener Prinzipien führt, die im Verlauf des kritischen Umsturzes eines vorhergehenden Entwurfs zu Tage getreten sind. Genau in dem Moment, in dem ein Gedanke vollendet wird, beginnt er zu handeln und zu wirken und so eine Reihe neuer operativer Prinzipien zu formen, die nicht nur auf dem uneigentlichen Gebrauch von Begriffen beruhen, sondern auch auf der Abkehr von bestimmten Institutionen. Die neuen Prinzipien erheben sich gleichsam aus den Ruinen einer dahinscheidenden Welt, aber sie zehren auch von diesen Ruinen.[12] Das Irren gibt zwar Anlass zur Kritik, aber es ist auch die erste Bedingung eines jeden Schaffensprozesses. Denn es scheint, als läge in diesem Akt des Erschaffens dessen, was nicht früher hätte geschehen können, das seltsame Zusammentreffen, die Verschwisterung von Vergebung und Kritik in einer verweltlichten Philosophie. Der Gebrauch der Beichte zum Zwecke der Kritik kündigt dem kirchlichen Vokabular den Gehorsam auf, was bedeutet, dass Sprache – und Denken – sich veruneigentlichen und entinstitutionalisieren, sobald sie kritisch werden. Gleichzeitig ist die Sprache der Religion ein Teil unseres Lebens, auch wenn wir denken, dass wir nun vollkommen säkular geworden sind, denn die Fragmente des Ungedachten lasten auf dem Lebenden. Wenn wir also meinen, unser Denken sei nunmehr klar und deutlich konturiert und schwebe jenseits allen Irrens, dann erheben wir uns über die Geschichtlichkeit unseres eigenen Denkens. Und wenn wir glauben, dass allein der Mensch mit einem affirmativen Modus der Kritik jenseits des Widerspruchs aufwarten kann, so lässt uns das einmal mehr weltlos zurück – eingelullt in den Traum von unserer eigenen Macht.

Brief von Karl Marx an Arnold Ruge[1]

M. an R.

Kreuznach, im September 1843

Es freut mich, daß Sie entschlossen sind und von den Rückblicken auf das Vergangene Ihre Gedanken zu einem neuen Unternehmen vorwärts wenden. Also in Paris[2], der alten Hochschule der Philosophie, *absit omen!*[3] und der neuen Hauptstadt der neuen Welt. Was notwendig ist, das fügt sich. Ich zweifle daher nicht, daß sich alle Hindernisse, deren Gewicht ich nicht verkenne, beseitigen lassen.

Das Unternehmen mag aber zustande kommen oder nicht; jedenfalls werde ich Ende dieses Monats in Paris sein, da die hiesige Luft leibeigen macht und ich in Deutschland durchaus keinen Spielraum für eine freie Tätigkeit sehe.

In Deutschland wird alles gewaltsam unterdrückt, eine wahre Anarchie des Geistes, das Regiment der Dummheit selbst ist hereingebrochen, und Zürich gehorcht den Befehlen aus Berlin; es wird daher immer klarer, daß ein neuer Sammelpunkt für die wirklich denkenden und unabhängigen Köpfe gesucht werden muß. Ich bin überzeugt, durch unsern Plan würde einem wirklichen Bedürfnisse entsprochen werden, und die wirklichen Bedürfnisse müssen sich doch auch wirklich erfüllen lassen. Ich zweifle also nicht an dem Unternehmen, sobald ernst damit gemacht wird.

Größer noch als die äußern Hindernisse scheinen beinahe die inneren Schwierigkeiten zu sein. Denn wenn auch kein Zweifel über das „Woher", so herrscht desto mehr Konfusion über das „Wohin". Nicht nur, daß eine allgemeine Anarchie unter den Reformern ausgebrochen ist, so wird jeder sich selbst gestehen müssen, daß er keine exakte Anschauung von dem hat, was werden soll. Indessen ist das gerade wieder der Vorzug der neuen Richtung, daß wir nicht dogmatisch die Welt antizipieren, sondern erst aus der Kritik der alten Welt die neue finden wollen. Bisher hatten die Philosophen die Auflösung aller Rätsel in ihrem Pulte liegen, und die dumme exoterische Welt hatte nur das Maul aufzusperren, damit ihr die gebratenen Tauben der absoluten Wissenschaft in den Mund flogen. Die Philosophie hat sich verweltlicht, und der schlagendste Beweis dafür ist, daß das philosophische Bewußtsein selbst in die Qual des Kampfes nicht nur äußerlich, sondern auch innerlich hineingezogen ist. Ist die Konstruktion der Zukunft und das Fertigwerden für alle Zeiten nicht unsere Sache, so ist desto gewisser, was wir gegenwärtig zu vollbringen haben, ich meine *die rücksichtslose Kritik alles Bestehenden,* rücksichtslos sowohl in dem Sinne, daß die Kritik sich nicht vor ihren Resultaten fürchtet und ebensowenig vor dem Konflikte mit den vorhandenen Mächten.

Ich bin daher nicht dafür, daß wir eine dogmatische Fahne aufpflanzen, im Gegenteil. Wir müssen den Dogmatikern nachzuhelfen suchen, daß sie ihre Sätze sich klarmachen. So ist namentlich der *Kommunismus* eine dogmatische Abstraktion, wobei ich aber nicht irgendeinen eingebildeten und möglichen, sondern den wirklich existierenden Kommunismus, wie ihn Cabet, Dézamy, Weitling etc. lehren, im Sinn habe. Dieser Kommunismus ist selbst nur eine aparte, von seinem Gegensatz, dem Privatwesen, infizierte Erscheinung des humanistischen Prinzips. Aufhebung des Privateigentums und Kommunismus sind daher keineswegs identisch, und der Kommunismus hat andre sozialistische Lehren, wie die von Fourier, Proudhon etc., nicht zufällig, sondern notwendig sich gegenüber entstehn sehn, weil er selbst nur eine besondre, einseitige Verwirklichung des sozialistischen Prinzips ist.

Und das ganze sozialistische Prinzip ist wieder nur die eine Seite, welche die *Realität* des wahren menschlichen Wesens betrifft. Wir haben uns ebensowohl um die andre Seite, um die theoretische Existenz des Menschen zu kümmern, also Religion, Wissenschaft etc. zum Gegenstande unserer Kritik zu machen. Außerdem wollen wir auf unsere Zeitgenossen wirken, und zwar auf unsre deutschen Zeitgenossen. Es fragt sich, wie ist das anzustellen? Zweierlei Fakta lassen sich nicht ableugnen. Einmal die Religion, dann die Politik sind Gegenstände, welche das Hauptinteresse des jetzigen Deutschlands bilden. An diese, wie sie auch sind, ist anzuknüpfen, nicht irgendein

System wie etwa die „*Voyage en Icarie*“[4] ihnen fertig entgegenzusetzen.

Die Vernunft hat immer existiert, nur nicht immer in der vernünftigen Form. Der Kritiker kann also an jede Form des theoretischen und praktischen Bewußtseins anknüpfen und aus den *eigenen* Formen der existierenden Wirklichkeit die wahre Wirklichkeit als ihr Sollen und ihren Endzweck entwickeln. Was nun das wirkliche Leben betrifft, so enthält grade der *politische Staat,* auch wo er von den sozialistischen Forderungen noch nicht bewußterweise erfüllt ist, in allen seinen *modernen* Formen die Forderungen der Vernunft. Und er bleibt dabei nicht stehn. Er unterstellt überall die Vernunft als realisiert. Er gerät aber ebenso überall in den Widerspruch seiner ideellen Bestimmung mit seinen realen Voraussetzungen.

Aus diesem Konflikt des politischen Staates mit sich selbst läßt sich daher überall die soziale Wahrheit entwickeln. Wie die *Religion* das Inhaltsverzeichnis von den theoretischen Kämpfen der Menschheit, so ist es der *politische Staat* von ihren praktischen. Der politische Staat drückt also innerhalb seiner Form *sub specie rei publicae*[5] alle sozialen Kämpfe, Bedürfnisse, Wahrheiten aus. Es ist also durchaus nicht unter der *hauteur des principes*[6], die speziellste politische Frage – etwa den Unterschied von ständischem und repräsentativem System – zum Gegenstand der Kritik zu machen. Denn diese Frage drückt nur auf *politische* Weise den Unterschied von der Herrschaft des Menschen und der Herrschaft des Privateigentums aus. Der

Kritiker kann also nicht nur, er muß in diese politischen Fragen (die nach der Ansicht der krassen Sozialisten unter aller Würde sind) eingehn. Indem er den Vorzug des repräsentativen Systems vor dem ständischen entwickelt, *interessiert* er *praktisch* eine große Partei. Indem er das repräsentative System aus seiner politischen Form zu der allgemeinen Form erhebt und die wahre Bedeutung, die ihm zugrunde liegt, geltend macht, zwingt er zugleich diese Partei, über sich selbst hinauszugehn, denn ihr Sieg ist zugleich ihr Verlust.

Es hindert uns also nichts, unsre Kritik an die Kritik der Politik, an die Parteinahme in der Politik, also an *wirkliche* Kämpfe anzuknüpfen und mit ihnen zu identifizieren. Wir treten dann nicht der Welt doktrinär mit einem neuen Prinzip entgegen: Hier ist die Wahrheit, hier kniee nieder! Wir entwickeln der Welt aus den Prinzipien der Welt neue Prinzipien. Wir sagen ihr nicht: Laß ab von deinen Kämpfen, sie sind dummes Zeug; wir wollen dir die wahre Parole des Kampfes zuschrein. Wir zeigen ihr nur, warum sie eigentlich kämpft, und das Bewußtsein ist eine Sache, die sie sich aneignen *muß,* wenn sie auch nicht will.

Die Reform des Bewußtseins besteht *nur* darin, daß man die Welt ihr Bewußtsein innewerden läßt, daß man sie aus dem Traum über sich selbst aufweckt, daß man ihre eignen Aktionen ihr *erklärt.* Unser ganzer Zweck kann in nichts anderem bestehn, wie dies auch bei Feuerbachs Kritik der Religion der Fall ist, als daß die religiösen und politischen Fragen in die selbstbewußte menschliche Form gebracht werden.

Unser Wahlspruch muß also sein: Reform des Bewußtseins nicht durch Dogmen, sondern durch Analysierung des mystischen, sich selbst unklaren Bewußtseins, trete es nun religiös oder politisch auf. Es wird sich dann zeigen, daß die Welt längst den Traum von einer Sache besitzt, von der sie nur das Bewußtsein besitzen muß, um sie wirklich zu besitzen. Es wird sich zeigen, daß es sich nicht um einen großen Gedankenstrich zwischen Vergangenheit und Zukunft handelt, sondern um die *Vollziehung* der Gedanken der Vergangenheit. Es wird sich endlich zeigen, daß die Menschheit keine *neue* Arbeit beginnt, sondern mit Bewußtsein ihre alte Arbeit zustande bringt.

Wir können also die Tendenz unsers Blattes in *ein* Wort fassen: Selbstverständigung (kritische Philosophie) der Zeit über ihre Kämpfe und Wünsche. Dies ist eine Arbeit für die Welt und für uns. Sie kann nur das Werk vereinter Kräfte sein. Es handelt sich um eine *Beichte,* um weiter nichts. Um sich ihre Sünden vergeben zu lassen, braucht die Menschheit sie nur für das zu erklären, was sie sind.

Nach: „Deutsch-Französische Jahrbücher", Paris 1844.

Karl Marx

Präsentation des Seminars „Lectures de Marx“

Das Seminar „Lectures de Marx“ ist ein studentisches Seminar, das in der ENS der rue d’Ulm in Paris stattfindet. 2009 aus den sozialen Bewegungen in den Universitäten hervorgegangen, stellt es eine Antwort auf den Wunsch dar, die sozialen Kämpfe durch eine vertiefte und kritische Lektüre der Schriften Karl Marx’ und des Marxismus zu begleiten. Es möchte ein Ort des Selbststudiums und der kollektiven Arbeit sein, wobei die theoretische Tätigkeit zu ihrem theoretischen Charakter steht und zugleich der Gegenwart der sozialen Kämpfe stets zugewandt bleibt. Das Seminar steht für Studierende und Aktivist_innen, für akademische und autodidaktische Interessierte gleichermaßen offen.

Die Mehrzahl der Sitzungen wird von den Teilnehmenden gestaltet: Es handelt sich teils um ein gemeinsames Lesen der Werke von Marx und Engels (die drei Bände des *Kapitals*, die philosophischen Schriften des Frühwerks, die historischen und politischen Arbeiten); teils um thematische Zyklen zu in Bezug auf den Marxismus transversalen Begriffen (zum Beispiel Ideologie, Planwirtschaft, den Ursprüngen des Kapitalismus, Imperialismus, den Krisen); oder aber um Sitzungen, die einen Überblick über einzelne marxistische Theoretiker_innen geben sollen. In all diesen Fällen geht es darum, durch lebhafte Diskussionen zwischen den Vortragenden und dem Publikum eine gemeinsame Reflexion voranzutreiben.

Weniger regelmäßig bemüht sich das Seminar zudem, Experten auf verschiedenen Gebieten einzuladen. 2016 wurde eine neue Reihe mit einem Vortrag von Alain Badiou (*Qu'est-ce que j'entends par marxisme*, Paris: Les Éditions sociales 2016; dt.: *Was verstehe ich unter Marxismus?*, Wien: Passagen 2018) eröffnet, in der bekannte kritische Intellektuelle ihren Bezug zu Marx und zum Marxismus thematisieren: 2018 hat das Seminar in diesem Geiste Antonio Negri, dessen Vortrag unter dem Titel *Travail vivant contre capital* bei Les Éditions sociales veröffentlicht wurde, und Judith Butler empfangen, deren Vortrag wir hier veröffentlichen.

Das Seminar „Lectures de Marx“ ist seit 2013 ein Teil der Seminare, die sich unter dem Namen „die Waffen der Kritik“ zusammengeschlossen haben. Diese Vereinigung verfolgt das Ziel, verschiedene Seminare mit kritischer Perspektive zusammenzuführen und in einen Dialog zu bringen: das „Literarische Seminar der Waffen der Kritik“ (SLAC [= Séminaire littéraire des Armes de la Critique]), das Rosa-Luxemburg-Übersetzungsseminar, das an der Veröffentlichung ihrer gesammelten Werke im Verlag Agone-Smolny beteiligt ist, das Gender-Seminar, oder die soziologische Lektürewerkstatt Konfliktualitäten auf/an der Arbeit. Schließlich und endlich hat das Seminar „Lectures de Marx“ zu verlegerischen

Projekten beigetragen, die zur Veröffentlichung und Übersetzung von Texten von Marx und anderen marxistischen Werken geführt haben, insbesondere im Rahmen der von den Éditions sociales herausgegebenen Gesamtausgabe [GEME = Grande Édition Marx et Engels].

Die Möglichkeit, studentische Seminare zu organisieren, ist in französischen Universitäten und Instituten eine seltene Chance und in den Pariser Fakultäten quasi inexistent: Allzu schnell sieht man sich konfrontiert mit einem Mangel an Räumlichkeiten, großen Teilnehmerzahlen oder fehlenden administrativen Voraussetzungen und mangelnder akademischer Anerkennung für derlei Aktivitäten. Diese Praxis gehört jedoch zu einer der lehrreichsten Erfahrungen, die eine universitäre Ausbildung eröffnen kann: Abgesehen vom gemeinsamen Lernen in der kollektiven Arbeit handelt es sich um eine genuine Ausbildung im Hinblick auf eigene Forschungsarbeiten, und wir bedauern sehr den Mangel jener universitären Rahmenbedingungen, die diese Arbeit ermöglichen, wie auch die ständig wachsende Schwierigkeit, sie selbst dort aufrechtzuerhalten, wo die Bedingungen tatsächlich gegeben sind.

Das Programm der aktuellen und das Archiv der vergangenen Seminare findet sich online auf der Seite der Waffen der Kritik: https://adlc.hypotheses.org.

Das Programm des Seminars „Lectures de Marx“ ist unter folgender Adresse abrufbar: https://adlc.hypotheses.org/seminaire-lectures-de-marx-a-lens-2019-2020-11e-annee.

Anmerkungen

Der unorganische Körper beim frühen Marx

1 Dieser Text basiert auf einem Vortrag, den Judith Butler im Rahmen der Seminarreihe „Lectures de Marx" an der École normale supérieure in Paris gehalten hat. Siehe auch das Kapitel „Präsentation des Seminars ‚Lectures de Marx'" in diesem Band *(A. d. Ü.)*.

2 John P. CLARK, „Marx's Inorganic Body", in: *Environmental Ethics* 11/3, Herbst 1989, 243–258.

3 Vgl. Antonio NEGRI und Michael HARDT, *Labor of Dionysus: Critique of the State-Form*, Minneapolis–London: University of Minnesota Press 1994. Hier wird die Arbeit nicht nur als Produktionsweise betrachtet, sondern als performativer Modus der Produktion des Politischen reformuliert.

4 Ein Asteriskus bedeutet hier und im Folgenden: Im Original deutsch *(A. d. Ü.)*.

5 Die Unterscheidung gewinnt im Laufe des 20. Jahrhunderts für Merleau-Ponty und später auch für Helmut Plessner eine immer größere Bedeutung. Vgl. dazu Hans-Peter KRÜGER, „Persons and their Bodies: The Körper/Leib Distinction and Helmuth Plessner's Theories of Excentric Positionality and Homo Absconditus", in: *Journal of Speculative Philosophy* 24, 2010, 256–274.

6 Karl MARX, *Ökonomische Manuskripte 1857/1858 [„Grundrisse"]*, MEW, Band 42, Berlin: Dietz 1968, 1–768, hier 602.

7 John P. CLARK, „Marx's Inorganic Body", 243.

8 Carolyn MERCHANT, *The Death of Nature. Women, Ecology, and the Scientific Revolution*, San Francisco: Harper & Row 1990 [1980], XXIII–XXIV.

9 John Bellamy FOSTER, Paul BURKETT, „The Dialectic of Organic/Inorganic Relations: Marx and the Hegelian Philosophy of Nature", in: *Organization & Environment* 13/4, 2000, 403–425; dies., „Marx and the Dialectic of Organic/Inorganic Relations", in: *Organization & Environment*, 14/4, 2001, 451–462.

10 Rahel JAEGGI, *Entfremdung. Zur Aktualität eines sozialphilosophischen Problems*, Berlin: Suhrkamp 2016.

11 Karl MARX, *Ökonomisch-philosophische Manuskripte aus dem Jahre 1844*, MEW, Ergänzungsband, 1. Teil, Berlin: Dietz 1968, 465–588, hier 536. Hervorhebungen im Original.

12 Louis ALTHUSSER, *Für Marx*, Berlin: Suhrkamp [2]2017, 287.

13 Ebenda, 292.

14 Étienne BALIBAR, *Citoyen sujet et autres essais d'anthropologie philosophique*, Paris: PUF 2011.

15 Jean BAUDRILLARD, *Le miroir de la production ou l'illusion critique du matérialisme historique*, Paris: Casterman 1973.

16 Karl MARX, *Das Kapital. Dritter Band*, MEW, Band 25, 260 *(A. d. Ü.)*.

17 Karl MARX, *Ökonomisch-philosophische Manuskripte*, 512–513.

18 Zur „Objektorientierten Philosophie/Ontologie" vgl. insbesondere die Arbeiten von Graham HARMAN, *Tool-Being: Heidegger and the Metaphysics of Objects*, Chicago: Open Court 2002 sowie *Prince of Networks: Bruno Latour and Metaphysics*, Melbourne Re. Press 2009 [vgl. auch Graham HARMAN, *Immaterialismus*, Wien: Passagen 2021, *(A. d. Ü.)*].

19 Innerhalb dieses Zitates kennzeichnet der Asteriskus die von Butler hervorgehobenen Passagen in Abgrenzung zu Marx' Hervorhebungen. Zwei Asterisken kennzeichnen Marx' Hervorhebungen innerhalb einer von Butler hervorgehobenen Passage *(A. d. Ü.)*.

20 Karl MARX, *Ökonomisch-philosophische Manuskripte*, 515–516.

21 Ebenda.

22 John Bellamy FOSTER, Paul BURKETT, „Marx and the Dialectic of Organic/Inorganic Relations", 451–462.

23 Ebenda, 452.

24 G. W. F. HEGEL, *Enzyklopädie der philosophischen Wissenschaften im Grundrisse,* Werke in 20 Bänden, Band 8, Frankfurt am Main: Suhrkamp 1986, § 218, 374.
25 Ebenda, § 219, 375.
26 Ebenda, § 219, Zusatz, 375.
27 Ebenda, § 219, Zusatz, 376.
28 Ebenda, § 221, Zusatz, 376.

Diskussion

1 Der Begriff „Umweltrassismus" wurde in den 1980er Jahren in den Vereinigten Staaten geprägt, um die ungleiche Belastung von Weißen und Nicht-Weißen durch Luft- und Umweltverschmutzung und die Folgen der globalen Erwärmung zu beschreiben. Einer der bekanntesten Fälle ist die Gleichgültigkeit gegenüber der Bleiverunreinigung von Wasser in der Stadt Flint, Michigan, deren Bevölkerung zu 57 Prozent afroamerikanisch ist und zu 42 Prozent unter der bundesstaatlichen Armutsgrenze liegt. Das Konzept wird oft mit dem Begriff der „*environmental justice*" in Verbindung gebracht, mit dem rassistische, soziale und wirtschaftliche Ungerechtigkeiten im Kontext der Umweltkrise benannt und bekämpft werden sollen.
2 Albert Memmi (1920–2020) war ein Schriftsteller und Soziologe, geboren in Tunis unter französischem Protektorat, aufgewachsen in einer sephardisch-jüdischen Familie und ausgebildet in französischen Schulen. Er interessierte sich insbesondere für die Frage der Identität unter kolonialen Bedingungen und entwickelte, vor allem mit Bezug auf Begriffe wie Entfremdung und Abhängigkeit, sein Denken in einer Vielzahl theoretischer Werke, u.a. *Der Kolonisator und der Kolonisierte* (Frankfurt am Main: Syndikat Verlag 1980 [1957]), *L'Homme dominé* (Paris: Gallimard 1968), *La Dépendance : esquisse pour un portrait du dépendant* (Paris: Gallimard 1979), *Rassismus* (Frankfurt am Main: Athenäum 1987 [1982]).
3 Zum Kontext und den politischen Implikationen von Louis Althussers Humanismuskritik vgl. Louis

ALTHUSSER und Lucien SÈVE, *Correspondance (1948-1987)*, Paris: Les Éditions sociales 2018.

4 Louis ALTHUSSER, „Antwort an John Lewis“, in: H. ARENZ, J. BISCHOFF, U. JAEGGI (Hg.), *Was ist revolutionärer Marxismus?*, Berlin: VSA 1973.

5 Louis ALTHUSSER, *Für Marx*, Berlin: Suhrkamp ²2017. Vgl. auch den berühmten Text *Ideologie und ideologische Staatsapparate* (Hamburg: VSA 2010).

6 Zum Begriff der „Pathologien des Sozialen“ vgl. die Arbeiten von Axel HONNETH, u.a. *Verdinglichung. Eine anerkennungstheoretische Studie* (Frankfurt am Main: Suhrkamp 2005) und *Das Andere der Gerechtigkeit. Aufsätze zur praktischen Philosophie* (Frankfurt am Main: Suhrkamp 2000).

7 Zu Marx und Darwin vgl. insbesondere Bernard NACCACHE, *Marx lecteur de Darwin* (Paris: Vrin 1980) und Patrick TORT, „Darwin, the missing and found link of Marx's materialism“ (in: *Darwin et la philosophie*, Paris: Kimé 2004). Es kann auch auf den Vortrag von Paul GUERPILLON zu diesem Thema im Seminar „Lectures de Marx“ (9. Februar 2015) verwiesen werden, dessen Notizen online verfügbar sind: https://adlc.hypotheses.org/seminaires/ seminar-lectures-de-marx-a-lens-6e-annee/Monday-9/February-2015-expose-de-paul-guerpillon.

8 Bruno Latour entwickelt diese Überlegungen unter anderem in *Wir sind nie modern gewesen. Versuch einer symmetrischen Anthropologie* (Frankfurt am Main: Suhrkamp 2008) oder in jüngerer Zeit in *Kampf um Gaia. Acht Vorträge über das neue Klimaregime* (Berlin: Suhrkamp 2020), vor allem im fünften Kapitel „Wie können die verschiedenen VÖLKER (der NATUR) einberufen werden?“.

9 Bruno LATOUR, *Elend der Kritik. Vom Krieg um Fakten zu Dingen von Belang*, Berlin–Zürich: Diaphanes 2007.

10 Vgl. Gayatri Chakravorty SPIVAK, *Outside in the Teaching Machine*, London: Routledge 2009 [1993], 5.

11 Judith BUTLER, *Psyche der Macht. Das Subjekt der Unterwerfung*, Frankfurt am Main: Suhrkamp 2001.

12 Eldridge CLEAVER (1935–1998) war ein amerikanischer Bürgerrechtsaktivist, und seit 1966 Mitglied der Black Panther Party. 1968 veröffentlicht Cleaver *Soul on Ice* [dt.

Seele auf Eis, München: Carl Hanser 1969], ein Werk, in dem er eine autobiographische Erzählung und die theoretischen und politischen Artikel miteinander verbindet, die er in der radikal-linken US-amerikanischen Zeitschrift *Ramparts* geschrieben hatte, vor allem während seiner Zeit im Gefängnis (aus dem er 1966 entlassen wird). Das Buch ist sehr erfolgreich und hat einen großen Einfluss auf die Schwarze Befreiungsbewegung. Zur Black Panther Party vgl. das einschlägige Werk von Joshua BLOOM und Waldo E. MARTIN Jr., *Black Against Empire. The History and Politics of the Black Panther Party*, Berkeley: University of California Press 2014.

13 Die Praxis-Gruppe bezieht sich auf die jugoslawische Zeitschrift für Philosophie und Politik *Praxis*, die von 1964 bis 1974 erschienen ist, und auf die Gruppe von Intellektuellen, die die Zeitschrift herausgegeben und die jährlich stattfindende Sommerschule von Korčula organisiert haben. Damals haben sie Marxisten aus der ganzen Welt um die Zeitschrift versammelt. Die Gruppe, die vor allem aus Gajo Petrović (1927–1993) und Milan Kangrga (1923–2008) in Zagreb und Mihailo Marković (1923–2010) in Belgrad besteht, ist nicht ohne interne Widersprüche, aber sie verficht einen humanistischen Marxismus, der sich auf Marx' Jugendwerke stützt, insbesondere die *Ökonomisch-Philosophischen Manuskripte von 1844*, und gegen den stalinistischen Dogmatismus das Recht auf Kritik behauptet. Alle Ausgaben der Zeitschrift *Praxis* sind, zumeist im serbo-kroatischen Original, verfügbar auf: www.marxists.org/subject/praxis/index.htm.

14 Nancy FRASER (*1947) ist eine US-amerikanische marxistisch-feministische Philosophin. Auf deutsch erschienen u.a. *Kapitalismus. Ein Gespräch über kritische Theorie* (zusammen mit Rahel JAEGGI), Berlin: Suhrkamp 2020; *Die halbierte Gerechtigkeit. Schlüsselbegriffe des postindustriellen Sozialstaats*, Berlin: Suhrkamp ^{3}2016; sowie *Widerspenstige Praktiken. Macht, Diskurs, Geschlecht*, Berlin: Suhrkamp ^{4}2015.

1 Der folgende Text ist eine Übersetzung von Judith BUTLER, „‚Philosophy Has Become Worldly': Marx on Ruthless Critique", in*: PMLA* 131.2, März 2016, 460–468 *(A. d. Red.)*.

2 Karl MARX, *Ökonomisch-Philosophische Manuskripte*, 465–588.

3 Marx' Einschub „absit omen" bedeutet hier: „Möge sie [die alte Hochschule] kein schlechtes Omen sein", das heißt möge sie nicht Ruges vorwärtsgewandtes Denken behindern *(A. d. Red.)*.

4 Karl MARX, *Briefe aus den „Deutsch-Französischen Jahrbüchern"*, MEW, Band 1, Berlin: Dietz 1981, 343–346. Alle nicht anders ausgewiesenen Zitate sind dem Brief von Marx an Ruge entnommen, der am Ende dieses Bandes abgedruckt ist. Die Seitenzahlen beziehen sich auf die hier abgedruckte Version *(A. d. Ü.)*.

5 Mit seiner Kritik an der „allgemeinen Anarchie", die „unter den Reformern ausgebrochen" sei, greift Marx freilich weniger eine feste politische Doktrin an, als die Haltung der „reformistischen" Liberalen, die „keine exakte Anschauung von dem [haben], was werden soll". Marx bezieht sich beinahe explizit auf die Memoiren *Woher und wohin?*, die 1842 von dem liberalen Politiker Theodor von Schön (1773–1856) veröffentlicht wurden. Marx verurteilt gleichermaßen diese „Reformer" ohne Zukunftsvision und die „Dogmatiker", unter denen er insbesondere auf die Theoretiker des Kommunismus wie Theodore Dézamy (1808-1850), Wilhelm Weitling (1808–1871) oder Etienne Cabet (1788–1856) verweist, der in der 1840 veröffentlichten *Voyage en Icarie* „ein fertiges System" vorschlug, das er später in den Vereinigten Staaten von Amerika umzusetzen versuchte *(A. d. Red.)*.

6 Die Resonanzen mit der imperialen Eroberung der Neuen Welt sind an dieser Stelle unheimlich.

7 Karl MARX, *Ökonomisch-Philosophische Manuskripte*, 467 ff.

8 Bruno Bauer (1809–1882) war ein deutscher Philosoph und Junghegelianer. Anfang der 1840er Jahre stand er

Marx nahe, mit dem er sich an der Rheinischen Zeitung beteiligte. Er ist der Autor der Schrift *Die Judenfrage* (1843), die Marx 1844 in den *Deutsch-Französischen Jahrbüchern* heftig kritisierte. Die Kritik der Thesen Bruno Bauers und der Junghegelianer wurde anschließend von Marx und Engels in *Die heilige Familie* (1844) und in der *Deutschen Ideologie* (1845) fortgeführt *(A. d. Red.)*.

9 Karl MARX, *Ökonomisch-Philosophische Manuskripte*, 568 ff.

10 Wendy BROWN, *Regulating Aversion: Tolerance in the Age of Identity and Empire*, Princeton: Princeton University Press 2006, insbesondere im dritten Kapitel „Tolerance as Supplement: the ‚Jewish Question' and the ‚Woman Question'", 48–77.

11 Karl MARX, *Zur Judenfrage*, MEW, Band 1, 347–377, hier 353. Hervorhebung im Original.

12 In *Kritik der Gewalt* und in früheren kürzeren Artikeln präsentiert Benjamin eine Spielart von kritischer Zerstörung, die auf Marx' Bemerkungen über Kritik und Zerstörung aufzubauen scheint und die nahelegt, dass diese Art des Zerstörerischen nicht als physisch-körperliche Gewalt verstanden werden sollte.

Brief von Karl Marx an Arnold Ruge

1 Der hier abgedruckte Brief stammt aus: Karl MARX, *Briefe aus den „Deutsch-Französischen Jahrbüchern"*, MEW, Band 1, Berlin: Dietz 1981, 343–346 *(A. d. Ü.)*.

2 Im August 1843 hatte Arnold Ruge Marx über seine endgültige Entscheidung informiert, die „Deutsch-Französischen Jahrbücher" in Paris herauszugeben. Zuvor waren u. a. Straßburg und Orte in der Schweiz vorgesehen. *(A. d. Red.)*

3 „Möge es nichts Schlimmes bedeuten!" *(A. d. Red.)*

4 Etienne CABET, *Voyage en Icarie. roman philosophique et social*, Paris [2]1842, 344 *(A. d. Red.)*.

5 „Als einer besonderen Staatsform" *(A. d. Red.)*.

6 „Dem Niveau der Prinzipien" *(A. d. Red.)*.

Passagen Hefte

Alain Badiou

Was verstehe ich unter Marxismus?

In einem konzisen Vortrag legt Alain Badiou sein Verständnis des Marxismus dar und verleiht dabei seiner eigenen Philosophie neues Profil.
Ausgehend von seiner persönlichen Beziehung zum Marxismus skizziert Alain Badiou seine Quellen und Entwicklungen. Dabei nimmt er eine Reihe von Verschiebungen marxistischer Begriffe vor, indem er den Akzent seiner Analyse auf den Klassenkampf und das Erkennen von Klasseninteressen legt. Auf diese Weise entsteht eine Definition des Marxismus, die ihn als „Denken der Verwandlung der Erkenntnis in Handeln" bestimmt und den Schwierigkeiten entgeht, die mit der Definition des Marxismus als Wissenschaft oder Politik verbunden sind. Schließlich stellt Badiou mit der Frage nach dem Marxismus auch die große Frage der Moderne: Wenn der Kapitalismus vor allem deswegen (vorerst) gewonnen hat, weil er sich mit der Moderne gleichzusetzen wusste, wie kann die kommunistische Idee vor dem Hintergrund der gegenwärtigen globalen Verhältnisses mit dem Projekt der Moderne verbunden werden?

Passagen forum

Louis Althusser

Als Marxist in der Philosophie

In Auseinandersetzung mit Marx und Lenin profiliert Althusser die zentralen Kategorien seiner Theorie wie Ideologie, Konjunktur und Praxis und bahnt auf diese Weise den Weg für das Verständnis seines späten Konzepts eines „aleatorischen Materialismus".

In den 1970er-Jahren diagnostiziert Althusser dem Marxismus eine Krise und distanziert sich in der Folge von der Kommunistischen Partei Frankreichs. Im vorliegenden Band geht er den weitreichenden Konsequenzen dieser Entscheidung für seine kompromisslose, anti-philosophische Denk- und Wirkweise nach. In Form kurzer Texte, die jeweils eine konkrete philosophische Frage umkreisen, zeigt Althusser, wie man sich als Marxist in der Philosophie bewegt, ohne dabei zum marxistischen Philosophen zu werden. Es geht ihm um eine Widerlegung der „idealistischen Philosophie", die nicht selbst zur bloßen Philosophie verkommt. Dabei erinnert Althusser den Marxismus an seine Aufgabe, „zur Freisetzung und freien Ausübung der gesellschaftlichen Praktiken und menschlichen Ideen beizutragen".